STEFFIE SPIRA

ROTE FAHNE MIT TRAUERFLOR

Tagebuch-Notizen

Kore

Holbeinstr. 12, D 7800 Freiburg, 0761/702034
Deutsche Erstveröffentlichung

Umschlaggestaltung: Michael Wiesinger
Foto: Steffie Spira
Satz: Kore CamPose aus der Palatino
Druck und Bindung: MAY+CO, Darmstadt
Printed in Germany

CIP-Titelaufnahme der Deutschen Bibliothek:

Spira, Steffie:
Rote Fahne mit Trauerflor. Tagebuch-Notizen /
Steffie Spira –
Freiburg i. Br.: Kore, 1990

ISBN 3-926023-24-4

INHALT

STATT EINER EDITORISCHEN NOTIZ

24. 10. 1952

Da ich aus einer Schauspielerfamilie stamme, eine Schwester habe, die eine berühmte Schauspielerin ist und mich selber mit aller Liebe und Leidenschaft diesem Beruf seit meinem 18. Lebensjahr gewidmet habe, weiß ich, daß man für handelnde Personen eine kurze Beschreibung braucht, damit der Leser oder die Leserin eine plastische Vorstellung und der Schauspieler ein bescheidenes Rüstzeug bekommt, an das er sich halten kann. Da meine Eigenart darin liegt, daß ich mich nie 100 % auf das Notwendige konzentrieren kann, sondern währenddessen Nebengedanken, die dann oft zu Hauptgedanken werden, in mir Platz ergreifen, so daß es schließlich in meinem Kopf aussieht wie bei bestimmten Reklamen, marschieren mir alle Assoziationen durch den Kopf, die mir bei dem Begriff «Vorstellung handelnder Personen» einfallen... Ich habe immer mit der deutschen Sprache, mit ihrem Satzbau, gehadert, Satzergänzungen werden zum Satzinhalt und die Satzaussage steht meistens am Ende des Satzes, das ist korrekt, durchaus, aber ich will kein Ratespiel.

TAGEBUCHFRAGMENTE

1954-1971

«Sagen Sie ihm,
daß er für die Träume seiner Jugend
soll Achtung tragen,
wenn er Mann sein wird.»
Don Carlos, Schiller

Berlin, 11. 2. 1954

Hier tagt die «Vierer-Konferenz», hier in unserer Stadt sitzen die vier Außenminister und werden sicherlich noch nie in einer so verrückten zweigeteilten Stadt gewesen sein. Ihnen ist es, wenn sie sich ehrlich fragen, nicht vorstellbar, daß diese fein säuberliche Trennung auf so lange Zeit jemals in einem anderen Land hätte möglich sein können. Diesen traurigen Ruhm haben die Deutschen für sich. Wie schön wäre es, wenn vom Tiergarten eine riesige Demonstration her und eine von den Linden sich am Brandenburger Tor träfe und dort auf dem Platz endlich zusammenfände mit der Losung: «Eine einheitliche Stadt, wir geben für ganz Deutschland das Beispiel. Wir gehören zusammen und wollen gemeinsam in Freude und Glück leben.»

18. 8. 1955

Sonderbar leer und fremd und unlieb war der kleine Anfang im Theater. Noch nie hat der Chef so unsicher und unfrei gesprochen, noch nie saßen die Schauspielerkollegen so verstreut im Parkett. Auch in der Kantine war eigentlich nichts von dieser Atmosphäre der kameradschaftlichen Neugier, dem fröhlichen Protzen mit der guten Erholung zu spüren. Arbeiten ist besser, als sich Stimmungen hinzugeben. Für meine eigene neue Arbeit sehe ich recht schwarz in die Zukunft, aber erstens kommt es anders und zweitens als man denkt. Heinz Lohmar war am Sonntag hier und hat uns wirklich sieben Stunden lang fast zu Tode unterhalten. Donnerwetter, ist der Mann anstrengend. Dabei war viel Interessantes in seinem Bericht aus China und eine Menge Wissenswertes. Aber, ich fürchte immer, plötzlich wird es Knacks machen, und seine Stimme ist ganz fort. Tat es nicht.

15. 9. 1955

Da ich viel Zeit habe – eigentlich sollte ich Briefe schreiben –, muß ich mich doch hier an dieses Heft wenden. Ich lese, lese den Umständen entsprechend reichlich viel und durcheinander. Oh, du liebe Seele, wie soll man da nur ins reine kommen! Um das Durcheinander zu klären, schreibe ich mal auf, was ich neben den Zeitungen alles in den letzten zwei Wochen gelesen habe: Thomas Wolfe: *Es führt kein Weg zurück*. Beendet den Roman von Gerhart Hauptmann: *Im Wirbel der Berufung*. Ulrich Becher: *Feuerwasser*. Ostrowsky: *Späte Liebe*. Und habe mich bis jetzt tapfer bemüht, Malaparte: *Die Haut* zu lesen. Habe im Kino noch einmal *East of Eden* gesehen und gestern die Presseaufführung des Thälmannfilms von Curt Maetzig mit Günther Simon als Thälmann. Im Theater *Sozialaristokraten* von Arno Holz. Selber gespielt *Turandot* von Schiller und *Ein fremdes Kind* von Schwarkin. Mich beschäftigt mit einer winzigen Szene aus dem Hörspielstück *Krassin rettet Italia* von Friedrich Wolf, in dem ich eine noch winzigere Rolle gern spielen werde. Lohnt es sich? Ich meine jetzt alles zusammen. Da kann ich nur sagen, es schwächt die Augen, verfilzt den Verstand und hinterläßt ein Gefühl, als hätte man Salmiakgeist mit Gefrierfleisch im Magen. Ich habe in meinem Leben immer – unberufen toi, toi, toi, dreimal schwarzer Kater – Glück gehabt, an dem Morast dieser Welt zwar nicht blind vorüberzugehen, aber ihn zu betreten, ohne Angst vor ihm zu haben, ohne dem Sog zu unterliegen. Nicht aus Moral, sondern aus dem instinktiven Gefühl der Sicherheit für das Lebendige und Natürliche. (Eigentlich beziehen sich die letzten Sätze nur auf den Entschluß, diesen Malaparte auf gar keinen Fall weiterzulesen, denn: s. o.) Was aber ist das zutiefst Verwirrende in diesem Sammelsurium von Eindrücken? Es besteht! Die Koexistenz, um auch hier einmal das so neue schöne Schlagwort zu gebrauchen, dieser so entgegengesetzten Ansichten aber kann nicht friedlich nebeneinander bestehen. Man muß kämpfen. Kämpfen für das Beste, den menschlichen Menschen. Nicht für eine verschrobene Vorstellung aller «Tugenden», für den verkniffenen Ausdruck ungeküßter Münder und trauriger «Durchhalter», die nicht wissen, für was. «Die nackte Haut zu retten», kann etwas ganz Großartiges sein, die größte humanistische Tat, wenn es der richtige Mensch im richtigen Augenblick tut.

Draußen ist ein düsteres Herbstwetter – so recht, um Abschied vom Sommer zu nehmen. Man weint einfach. Der Himmel weint und stürmt. Recht hat er.

11. 1. 1956

Heute habe ich Tschibi, meine liebe Freundin Anna Seghers, im Krankenhaus besucht. Das ist der beste Mensch, den ich kenne. Sie ist sich wunderbar treu geblieben. Da liegt sie nun als bestes Pferd im Regierungskrankenhaus, die Ärzte und Schwestern «machen sich», wie man so schön sagt, vor Verantwortung «in den

Frack», und sie selber ist freundlich, einfach, hungrig und gar kein bißchen vergnietscht; vielleicht ist sie nur eines – sehr müde. Wir sprachen über die Mädchen und Frauen, über solche, die wir kennen und nicht kennen. Über das Problem der berufstätigen jungen Mütter und überhaupt über jene Anspannung, die jeder Frau zugemutet wird, heute mit 1000 Problemen selbständig fertig zu werden, und den K(r)ampf, den das für viele Frauen bedeutet. Ich meinte, es gäbe Frauen, die den Schwung hätten, sowohl Familie wie auch einen Beruf zu haben, denen das «Zu-Hause» nicht genügt. Aber gleichzeitig gibt es viele Tausende, die selig wären, wenn sie einen Mann hätten, der sich für und um sie sorgte. Tschibi meinte, eine Frau und ein Mädchen könnten wirklich diesen Schwung am besten zu Hause einsetzen, und es wäre gräßlich, wenn es passierte, daß es bald keine guten Hausfrauen und Mütter mehr gäbe. Daß die jungen Mütter sich die Milch aus ihren Brüsten abpumpten und sie nur als Surrogat nutzten. Klar, da mag der Körper auch nicht mehr mitmachen und nach drei Monaten versiegt dieser wunderbare Quell. Die Babys weinen und schlafen nervös, weil ihnen das Beste genommen ist, die mütterliche Wärme. Wie reizend und instinkthaft richtig ist es, wenn die Mexikanerinnen ihre Babys in das wollene Umschlagtuch, den «rebosso», eingehüllt auf dem Rücken tragen. Sicherlich vom Standpunkt der Hygiene grauenvoll, aber schließlich lebt der Mensch, klein oder groß, nicht von und durch Hygiene, sondern durch die liebreichen Handlungen seiner Mitmenschen.

21. 2. 1956

Gestern abend im Zirkus war es recht schön, und ich habe gelacht über die drei Rivels wie lange nicht mehr. Was sie machen ist nichts und alles. Sie sind eben begnadete Kinder mit dem Wissen und Können, das wohltuend den Zuschauer zum unumschränkten Genuß führt. Zirkus ist und bleibt eine Sphäre, in der ich immer etwas wie Angst und Schrecken und größtes Wohlgefallen erlebe. Zwei Burschen und acht riesige Eisbären, die, wenn sich einer nur richtig schüttelt, das Eisengitter erzittern machten, jagen mir doch ganz schön Angst ein. Wenn der Bär dann auch noch Gelüste auf seine Bärenfrau bekommt, so empfinde ich mich als Zuschauer wie ein Eindringling in die intimsten und kräftigsten Äußerungen der Natur und den Dressurakt als eine Widersinnigkeit, bei der die Überheblichkeit des Menschen da anfängt und aufhört, wo die Natur, aus reinem Zufall durch Hunger gezwungen, nachgibt. Überhaupt hatte der gestrige Abend etwas im ganzen Erfreuliches.

Allerdings hat es mir doch einen schweren Schock gegeben, als mir mein Begleiter im Verlaufe eines ganz anders gearteten Gesprächs plötzlich lachend sagte, das Netteste bei meiner Antrittsrede in der Schauspielschule sei gewesen, daß man mir so schön unter den Rock gucken konnte. Du lieber Himmel, da bildet man sich wer weiß was auf seine pädagogischen oder menschlichen und geistigen Qualitäten ein, und das beste Mittel der Aufmerksamkeit ist etwas vollkommen Ungewolltes, Ungeahntes und Zufälliges. Das sollte man sich merken.

4. 4. 1956

Morgen will Camilla zu uns zum Essen kommen. Arthur Wiesner und Maria Schanda waren bei uns, auch im Theater. Nun ja, die Luft bei uns scheint ja unseren Westberliner Kollegen doch ganz gut zu bekommen. Und Camilla? Am Telefon konnte sie heute doch nicht unterlassen zu flachsen: «Stalinallee, heißt sie denn noch so?» Darauf ich: «Für mich darf und wird sie immer so heißen.» Ach, diese Armleuchter, die immer und in jeder Lebenslage «richtig liegen», alles schon «immer gesagt haben». Sie soll der Teufel holen. Ich glaube ihnen kein Wort. Für mich ist Stalin immer noch ein Riese unseres Jahrhunderts, der mit Mut und Weitblick die Völker der Sowjetunion und viele der Volksdemokraten zum Frieden und Aufbau geführt hat. Du lieber Himmel, als ob dieser Mann befohlen hätte, unsere neue Straße müsse nach ihm heißen. Ob es nicht vielmehr eine schöne Geste des Dankes war – für das Neueste in dieser Stadt den Namen des Menschen zu setzen, mit dem das Neue Wirklichkeit wurde. Persönlichkeitskult, das machen doch die anderen, die, die glauben, sich «lieb Kind machen zu müssen», die nie eine eigene Meinung haben, sondern ihr Mäntelchen nach dem Wind drehen. Nie vergesse ich die einfache Handbewegung, mit der Stalin in der «großen Oper» zu Lenins Todestag den Beifall für sich abstoppte und auf Lenins Bildnis wies. Keiner wird mir weismachen, das sei etwas Notwendiges. Ich habe schon bei uns Thälmann-Feiern erlebt, wo sich alle möglichen Menschen beklatschen ließen und der gute Teddy nur als Dekorationsstück freundlich von der Wand schaute. Und diese ganze Frage ist überhaupt eine Nebenfrage, wichtig aber ist nicht der private Nimbus, sondern sind Fehler, die gemacht werden, die lebendige Menschen betreffen.

26. 5. 1956

Es gibt Gespräche, die voll von guten Einfällen, voll von Wünschen nach Klarheit waren. Dabei fiel mir gestern Inges Wort auf, als wir das Violin-Konzert von Schostakowitsch hörten: «Soll man malen, schreiben, musizieren, wenn die Themen schon alle behandelt wurden?» Ich denke, daß ein echter Künstler sich diese Frage nicht stellt, sondern, von seinem Thema besessen, es eben gestalten muß, sei es auch schon in den verschiedensten Jahrhunderten behandelt. Der Mensch ist in eine – seine – Umwelt immer neu hineingesetzt und muß sich mit ihr auseinandersetzen.

Ach, was war das für ein verrückt versoffenes und doch so aufschlußreiches Gespräch am Donnerstag in der Theaterkantine zwischen Walter Suessenguth und Walter Garbe. Bei aller Schwäche meiner lieben Kollegen, was Charakterfestigkeit angeht, was für Menschen! Ihre Erlebnisfähigkeit ist kein Surrogat, sie sind noch bereit, sich auszuleben. Nicht Angst vor der Lächerlichkeit, sondern das Aussprechen von wirklichen Nöten, vom Mut zum Gefühl, unterscheidet sie wohltuend von anderen Menschen. Ist es nicht rührend, wenn der S. sagt: «Ich bin ein Sozialist des Gefühls» – oder vollkommen berauscht und wirklich unter dem Tisch liegend sich aufrappelnd sagt: «Nein, keinen Tropfen Alkohol mehr, es ist eine Schande für einen Künstler, sich so ungezügelt das größte Geschenk, sein Talent, zugrunde zu richten.» Und Walterchen mit seinem weichen Herzen in der ungeheuren dicken Schale, der Verständnis, weil eben Verstand für seinen so ausgerutschten Kollegen hat und ihm mit Humor und Rückgrat wieder auf die Beine hilft. Ja, wir Schaupieler haben es eigentlich entsetzlich gut, daß wir uns von Berufs wegen mit dem Aussprechen von Ideen, mit Schwierigkeiten, Glück und Unglück gedichteter Menschen auseinandersetzen müssen. Man bekommt davon feinere Nerven und bessere Augen und Ohren und sieht seinen Mitmenschen viel genauer zu, ohne kleinspießige Neugier, sondern mit der echten, fruchtbaren Neugier, das Wesentliche zu erfassen.

22. 6. 1956

Nichts war mit dem Frühling, soll es nun auch nichts mit dem Sommer werden? Du liebe, verrückte Natur, du mußt dich natürlich rächen. Wie anders sollst du denn auf diese Atombomben, die nur zu «Versuchszwecken» auf die Erde fallen, reagieren? Selbst die Hühner streiken und wollen keine Eier mehr legen. Erwarten wir also eine neue Jeanne d´Arc in jeder Hinsicht, um dem Unfug ein Ende zu machen?

16. 8. 1956

Aus: *Die Erziehung der Hirse,* B. Brecht

51

«Laßt uns so mit neuen Künsten
Ändern dieser Erde Wirkung und Gestalt,
Fröhlich messen tausendjährige Weisheit
An der neuen Weisheit, ein Jahr alt.
Träume! Goldnes Wenn!
Laß die schöne Flut der Ähren steigen!
Säer, nenn,
Was du morgen schaffst schon heut dein Eigen!

52

Tschaganak Bersijew, der Nomade.
Liegt begraben, wo er seine erste Erde brach.
Und ein Meer von Hirse schwankt alljährlich
Um sein Grabmal:
Er vergab das Saatgut. Lebt ihm nach!»

Das las ich gestern, so zum Spaß den Gedichtband aufschlagend, um zu sehen, wie sich der Anfang unserer Theatersaison gestalten sollte, und traf auf diese Zeilen: Anschließend ging ich zur ersten Versammlung ins Theater. Wisten begann nach seiner Begrüßung, uns eine ernste Mitteilung zu machen: Bertolt Brecht sei in der vergangenen Nacht verstorben...

So ist das mit diesem sonderbaren Ding, das sich Leben nennt. Er war ein großer Säer – leben wir ihm nach!

6. 11. 1956

«Du mein Himmel, du
darein ich schwebe,
mein guter Geist,
mein bessres Ich»
Schumann, Heine

Das war schön gesungen und paßt. –

Es ist eingetroffen, wovon ich das letzte Mal schrieb, allerdings nur die negative Seite.

Erstens hat der ach so prächtige Sohn mir einen Schrecken versetzt mit der Mitteilung, daß er die Ehre hat, zum 2. Mal Vater zu werden.

Zweitens habe ich einen ganz abscheulichen, schmerzhaften Anfall von Arthritis im Kniegelenk gehabt, an dem ich noch heute laboriere.

Drittens sind da die weltpolitischen Ereignisse, die, wie man es auch wendet, auf alle Fälle ein Minuspunkt sind. Ägypten und Ungarn: im Grunde zwei Seiten derselben ungeheuerlichen Provokation. Und immer müssen die einfachen Menschen dafür bezahlen. Aber alle schreien, sie täten alles für «den kleinen Mann». Ach, diese Heuchler!

27. 11. 1956

«Da steh ich nun, ich armer Tor,
und bin so klug als wie zuvor.»

Wahrhaftig, mir erscheint heute alles zweifelhaft. Sicherlich, nicht das Ziel des Kommunismus, aber der Weg ist doch vorerst ein zu dornenreicher und gepflastert mit Lüge und

Unrecht. Wäre der Kapitalismus nicht ein zu meuchelmörderischer und ohne die Auswüchse des Faschismus heute gar nicht mehr am Leben seiender, ja dann wäre der Weg zum Kommunismus leicht und ungefährlich. So aber erfolgt auf jeden Schlag, den der Feind gegen uns versucht, von unserer Seite eine...

18. 1. 1957

Außerdem hatte ich Premiere vor zwei Tagen, *Raub der Sabinerinnen*. (Wenn im Theater nichts mehr geht, geht dieses Lustspiel von Franz von Schönthan immer noch.) Ich bin nicht mit mir zufrieden. Es hole der Teufel die bescheidene Angst während der Premiere. Ich könnte mich ohrfeigen! Ich kenne doch die Käseköpfe, die die ersten Reihen füllen. Also ohne Sorge darüber. Aber nein, die steinerne Reihe hemmt. Außerdem fand ich, wenn auch viele Regieeinfälle reizend waren, daß man als Schauspieler beim Gliese nicht auf seine Kosten kam. Ich habe sehr schöne neue Aufgaben vor mir. Also, nichts als ran!

6. 2. 1957

Es gibt Neues! Erstens ist ein neuer Enkelsohn, Tonio, ins Leben getreten. Am 28.1. um 2.30 Uhr wurde er geboren. Er sei uns gegrüßt. Zweitens lerne ich Auto fahren, und es ist das erste Mal in meinem Leben, daß ich mich an Technik wage. Wird es gut ausgehen?

Drittens sahen Günter und ich am Sonntag Nachmittag Yves Montand im Theater am Schiffbauerdamm. Das ist sicherlich neben Chaplin für mich die größte künsterliche Erschütterung gewesen. Wenn ich so eine Vollendung sehe, so schäme ich mich jedesmal in Grund und Boden, daß ich auch so tue, als hätte ich in diesem Fach etwas mitzureden. Eigentlich möchte man danach seinen Beruf aufgeben. Brav als Köchin oder sonstwas seine Tage ausfüllen, aber nicht sich auf die Bühne stellen und den Leuten zumuten, auch dafür noch Geld auszugeben.

9. 3. 1957

Ich sitze vor der Vorstellung und nach der

Probe hier am Tisch und bin eigentlich müde und ein bißchen verärgert. Verärgert über mich, daß ich nicht besser in die Rolle der Marzelline hineinkomme, mit dem Jung-Alsen nur schlecht zusammenarbeiten kann und mit dem Verlauf meiner Arbeit unzufrieden bin. Sie hat einfach kein Gewicht, diese Person, sie hat kein Fleisch und Blut, sondern ist nur da, um die Situation des Stückes weiterzutreiben, ohne daß sie als Person direkt eingreift. Sie spinnt Fäden, aber andere nehmen sie auf, befestigen sie und laufen dann sicher darüber. Das ist eine sehr schwere Rolle, die bei den Strichen, die man gemacht hat, eigentlich unspielbar ist, weil man ihr den Boden (3. Akt) völlig entzogen hat.

Der J.-Alsen macht aus dem Stück kein realistisches, im Sinne eines «wahren», sondern eine Komödie, die zufällig nicht *Donna Martha* heißt, sondern *Die Hochzeit des Figaro*. Mir gefällt es gar nicht, aber ich bin als Randfigur nicht in der Lage, da eine Änderung zu bringen. Der Rolf gibt sich die größte Mühe, hat aber die Hosen gestrichen voll vor der riesigen Aufgabe. Was ich völlig verstehe. Der Franze sucht sich in Positur zu setzen und hat eine ganz langweilige Auffassung von seiner Rolle – x-mal dagewesen. Na, es ist genug mit dem Ärger, überlegen wir, wie es besser zu machen geht und blasen wir nicht Trübsal. Gestern war «Frauentag», na ja, da könnte man doch…

13. 5. 1957

Gibt es etwas Besonderes? Es ist nicht unbedingt nötig, hier hinein zu schreiben. Vorhin las ich in dem Heft *Aus der internationalen Arbeiterbewegung* den Artikel der chinesischen Partei: «Zum 15. Jahrestag der Bewegung für die Regelung des Arbeitsstils in der Ch. Komm. Partei». Da ist doch ein bestechend freier, sauberer Atem drin. Es wird abgerechnet mit dem Subjektivismus und Dogmatismus, aber es wird nicht abgerechnet, um «einen Kopf kürzer zu machen», sondern um zu klären. Abrechnen ist nämlich eine Denkfähigkeit, Rechenschaft zu geben über geleistete Arbeit im politischen Leben. Hauptziel aller unserer Bestrebungen ist der Mensch. Der einzelne und in der Masse. Darum muß unsere Politik auch vom einzelnen und von der Masse verstanden werden, damit sie wirksam werden kann.

5. 10. 1957

Der Erdsatelit hat eben im Radio seine Bahn mit Rauschen bekannt gegeben. Es ist also wirklich so weit, die Sowjetunion hat es geschafft. Ist es nicht ein prächtiger Beweis für unsere neue Idee, sie erobert sich den Himmel! Bitte, bitte, verschont die Menschen mit dem «Himmelsfeuer».

Heute, ich war auf der Eröffnung der Masereel-Ausstellung, hat mich ein Blatt ehrlich ergriffen und erschüttert; es nennt sich *Civilisation*. Man sieht einen Haltemast des Omnibus mit einem Papierkorb. Auf dem Mast über dem Korb ist zu lesen: *«Ne jetez pas le papier sur la terre! Merci!»* Um diesen Pfahl aber stürzen aus den Wolken die Bomben und die Menschen rasen wie wahnsinnig durcheinander. Ich habe mir ein Autogramm von Masereel geholt und ihm sagen können, daß ich durch seine und mit seinen Büchern mich dahin entwickelt habe, wo ich heute bin. Wirklich, *Die Idee* und *Das Stundenbuch, Die Stadt* und *Die Sonne* sind stete Anreger und Begleiter.

4. 2. 1958

Ich bleibe diesem Buch treu. Wieder komme ich von einer Probe, diesmal *Kindsmörderin* von Luitpold Wagner, bearbeitet von Peter Hacks. Das Jahr 1957 schloß gut für mich ab, als am Sylvesterabend mich noch der Wisten anrief, um mir zu sagen, ich würde nicht die Wäscherin sondern «Frau Humbrecht» spielen. Das hat mich doch sehr gefreut. Sicher wäre das eine großartige Rolle, dazu der Schluß des Stückes mit seiner Dramatik, die da den ganzen Abend über aufgespeichert wurde, trotzdem ist die Frau Humbrecht mehr meine Rolle. Ich kann viel eher eine blöde, leichtsinnige, harmlose, egoistische Kleinbürgerin spielen als eine verhärmte und harte Waschfrau.

16. 3. 1958

In Moskau und der ganzen SU Wahlen des Obersten Sowjets. Krise in den USA, die Stahlerzeugung ist um die Hälfte zurückgegangen. Fast 7 Mill. Arbeitslose, Feierschichten in den Ruhrzechen, ÖTV für Streik um bessere Löhne. Für das Atombombenverbot und gegen die atomare Bewaffnung der Bundeswehr wenden sich fast 85% der Bevölkerung in Westdeutschland. Das sind so die Meldungen, die heute im Radio als die wichtigsten durchgegeben wurden. So sieht unser Leben aus. Es wird von allen Menschen fast in jeder Minute eine Stellungnahme verlangt. – 0,9 Grad Celsius, das ist unsere Temperatur mit Schneeschauern, am 16. März 1958. Mir reicht's.

12. 5. 1958

Von der Beerdigung von Friedrich Gnaß eben zurückgekommen, habe ich das Bedürfnis, hier endgültig festzustellen, daß ich möchte:

1. Hinter meinem Sarg läuft weder der

Günter noch der Thomas mit seiner Familie her.

2. Es ist selbstverständlich, daß ich verbrannt werde.

3. Meine Asche wird irgendwo um Berlin herum, wo es so schön ist, ausgestreut.

4. Bei der Trauerfeier wird aus *Carmina Burana* von Orff die Stelle von der Trötschel gesungen, *Dulcissime* bis zum Schluß des gesamten Gesanges. Wenn dann einer das Bedürfnis hat, ein paar Worte zu sagen, bitte. Schluß.

26. 11. 1958

Nie werde ich die «Weisheit» des Alters haben, nie eine liebenswürdige, charmante, humorvolle alte Frau werden. Vor mir liegt nur die Alternative, alt, häßlich, von Schmerzen geplagt, mit eifersüchtigen Blicken die schönen jungen Menschen betrachtend zu leben und mir vorzumachen, daß man mich braucht. Ich habe Lügen nie gemocht und dumme Illusionen. Tatsachen schaffen Leben. Wenn man keine neuen Taten vollbringen kann, ist man alt.

Mein Leben war kein Glanzstück, aber ich habe oft gehandelt, selbständig und mit vollem Bewußtsein. Ich wollte es so.

23. 1. 1959

Heute früh fragte ich den kleinen Schallas: «Na, macht es Spaß zur Schule zu gehen?»

«Ich mag nicht, es hängt mir schon zum Halse raus.»

«Wie lange bist du denn schon in der Schule?»

«Fast zwei Jahre.»

«Was lernst du denn da, habt ihr nicht auch ein bißchen Spaß?»

«I wo, wir lernen von Heimatliebe und nett sein mit Tieren und daß man nicht popeln soll.»

Ja, ja, so sieht man, der Mensch hat es, groß oder klein, schwer.

30. 8. 1959

Ein Bauer aus Bulgarien hört, daß im selben Abteil des Zuges mit ihm auch Deutsche fahren. Über einen Übersetzer läßt er die Deutschen fragen: «Wie steht denn bei euch in Berlin das Getreide?» Das erinnert mich an meinen Bauern aus den Pyrenäen, der nur schlecht französisch, sonst catalanisch sprach. Er wußte, ich bin eine Ausländerin; darum fragte er mich mit entsprechender Geste:

«Où est votre pays? Par là ou par là?»

Darauf ich: «Dans le nord.»

Er: «Ah oui! Plus nord que Prades?»

Ich: «Oui, Monsieur.»

Er: «Plus nord que Paris?»

Ich: «Oui, Mons., encore un peu plus nord.»

Er: «Non Madame, après Paris c'est le pôle nord.»

Wirklich, ich sehe ihn vor mir, den Mann, die Landschaft, schmecke den Duft der Luft auf der Zunge, habe die Farben dieses Weges in den Augen, und es ist im Jahre 1934 im Sommer gewesen. 25 Jahre sind vergangen.

24. 8. 1960

Ein Jahr habe ich nicht in dieses Heft geschrieben. Gab es nichts? Doch, wieder sind die Ferien zu Ende, auch diesmal schöne Ferien. Wenn auch das Wetter zu wünschen übrig läßt, immer zieht vom Westen eine Gewitterzone herauf, und im Osten und Süden ist es schön. Das gleiche Bild in der Politik. Nur kann man den Süden bis Afrika nicht als ruhiges Wetter bezeichnen. Vor vier Tagen ist zum ersten Mal ein sowj. Raumschiff, bemannt mit Belka und Strelka, in die Stratosphäre gestartet und zurückgekommen. Was der sowj. Geist der Wissenschaft und der Mensch nicht alles können. Dafür aber spielen wir wieder Katajews *Avantgarde* – nicht, weil es nicht «zeitnah» genug ist und wir vielleicht unsere Menschen damit nicht erreichen würden und – wer weiß – vielleicht der RIAS eine für uns gefährliche Reklame mit dem Stück machen könnte. «C'est toujours la même chose.» Die Kunst läuft hinterher, weil es ja nur ganz einfache Menschen ohne Elektronengehirne sind, die «Kunst» produzieren. Sie suchen Einfälle, Handlungen, Konflikte. Diese Idioten. Es stehen doch genug Thesen in jeder Tageszeitung und Losungen. Flugs daraus ein Stück, und ihr Künstler könnt nicht schief liegen. Dazu spielt der Plattenspieler die 1. Symphonie von Brahms. Und ich bin gar nicht so böse. Denke an die weichen Wiesen und angenehmen Höhenzüge der Oberlausitz, den Amselgrund, an Seefeld in Tirol, ah, da sind auch Wiesen und Berge? Berge!!

Gestern gab es bei mir eine Frauen-Invasion.

Die Kinder waren bis zum 20. hier. Was sind diese Enkelkinder doch für erfreuliche Wesen. Wie kommt es nur, daß Kinder so angenehme, echte und unkonventionelle Wesen sind, kaum aber sind sie selbständige Erwachsene, lügen sie, sind langweilige Konformisten und haben Gesichter wie Ärsche.

15. 1. 1961

So habe ich wieder einmal in diesem Heft gelesen und festgestellt, daß es doch nicht blöd ist, ab und zu so ein paar Dinge im Leben festzuhalten. Heute war ich – fast allein – auf der Demonstration. Es ist sicherlich ein Symptom, daß es die alte Generation war, die da marschierte. Nicht nur aus unserem Betrieb! Mir sahen die meisten Menschen wie Todeskandidaten aus. Sicherlich, es war kalt. Aber viele Menschen, besonders die Männer, hatten wirklich grau-grüne Gesichter und lila Lippen. All die alten Genossen, die ich traf, Rudolf Neumann, Gustav v. Wangenheim und viele, deren Namen ich nicht mehr weiß, wie traurig abgemüdet sehen sie alle aus. Jeder macht Anstrengungen, die weit über seine Kraft gehen.

Aber als einzig Nettes und Positives will ich nicht vergessen, die kleine große Tochter von unserem lieben Genossen und Kollegen Peter Schorn zu nennen. Sie marschierte genau hinter uns in einer Reihe von sechs Mädchen mit einem sehr nett aussehenden Jungen in der Mitte. Sie sangen und machten harmlos vergnügten Ulk. Waren stolz auf sich. Ja, das gehört sich so. Aber als unsere Volkspolizei dann den Schluß der Demonstration machte mit einem echten preußischen Militärmarsch und der Tambourmajor den Schellenbaum durch die Luft wirbelte, die Offiziere mit weißen Handschuhen die Fahne trugen, da habe ich mich gar nicht wohl gefühlt. Das sind genau dieselben fliegenden Schritte, die über Europa marschiert sind und Tod und Verderben brachten. Können wir dafür gar nichts anderes einsetzen? Muß marschiert werden? Kann es keine Polizisten in Uniform geben, die sich unterhaken und immer ein Kind zwischen sich haben, um ihre Bereitschaft, für den Frieden zu wirken, zu dokumentieren?

Es ist so langweilig, immer wieder dasselbe zu erleben, diesmal zwar mit glücklicheren Vorzeichen und mit besseren Losungen, wirklich, aber, der marxistische Gott verzeihe mir, ich traue dem Frieden nicht.

Es würde sich gehören, daß ich die vielen Gespräche, die ich in der vergangenen Zeit mit der Anna hatte, hier ein bißchen festhalte. Schließlich ist sie wirklich eine echte Persönlichkeit, aber ich mag nicht, wir sind doch Freunde, und ich bin nicht berufen «Aufzeichnungen» zu machen. Das tun sicherlich andere besser und wertbeständiger. Wie sagt der Günter: «Ich bin nur ein kleiner Mann aus dem Volke!» Und ich: «Ich bin die Frau dazu.»

Im Theater habe ich eigentlich gar keine Freude mehr. Meine Aufgaben sind so bescheiden, daß sie mich nicht interessieren. Ich mache nur in BGL. Es soll der Teufel holen.

Mein Leben lang kümmere ich mich um das Wohl meiner Kollegen – und der Erfolg? Sicherlich haben sie alle so was wie Respekt vor mir. Aber wie heißt es doch so schön auf Hochdeutsch? «Mach Schwabbes damit.» Am 28. wird Tonio vier Jahre. Das ist ein ganz reizender kleiner Kerl, und ich kann ihn zu gut leiden. Er hat Charme und ist eine echte kleine Persönlichkeit. Anja ist natürlich auch ein ganz reizendes kleines Mädchen.

20. 1. 1962

Anscheinend ist der Januar der «Schreibmonat». Vor zehn Jahren habe ich damit begonnen, als ich in die SU fuhr. Es ist auch ein gutes Datum, weil man doch über ein ganzes Jahr nachdenken kann. Also her mit dem Jahr 61. Es war weder ein hinreißendes noch ein sehr enttäuschendes Jahr. Es verging...

Aber Daniel muß doch genannt werden. Er wurde am 30. August geboren. Ein Kerlchen mit einem schön geformten Kopf, einer kräftigen Stimme und allem ausgestattet, was zu einem Menschen gehört. Wünschen wir ihm, wenigstens auf dem Papier kann man ja gute Feenwünsche aufschreiben, daß er ein ganzer Mann wird, mit der Freude am Leben, einer guten Gesundheit, einem offenen Kopf und Auge, dem die Welt und der der Welt etwas zu sagen hat.

Günter und ich fuhren in den Ferien wieder nach Österreich: Wien, Salzburg, Saalbach, Zell am See, der Groß-Glockner. Eine schöne Reise mit blauem Himmel. Ich bin froh, in diesem Wien geboren worden zu sein. Das ist zwar gar kein Verdienst, aber es freut mich.

Dann kam der 13. August, den ich in Liebenstein verbrachte, zwecks «Herzstärkung». Nun sind wir also alle gestärkt. Sicher war es nötig, aber es wäre doch um vieles schöner gewesen, die Menschen hätten nicht in diesem Ausmaß mit den Beinen gegen uns gestimmt, und wir hätten sie von unserem Weg überzeugt und das Leben bei uns ihnen liebens- und lebenswert gemacht. Denn es geht um die Menschen. Selbst auf dem 22. Parteitag der SU war das Hauptthema: «Vorwärts zum Kommunismus».

August 1963

Günter ist gestorben.

Ich war siebzehn Jahr alt, als ich ihn kennenlernte – ich war fünfundfünfzig, als er mich allein ließ.

12. 5. 1970

Tag der Erinnerungen: Die *Möwe* hatte eingeladen: 25 Jahre Theaterarbeit, die ersten Stunden, die ersten Tage, Monate, Jahre. Natürlich, wie immer, ein winzig kleiner Kreis von Genossen, und zwar «die Alten». Auch von denen nur ganz wenige: Erpenbeck, Ackermann, Klering, Maetzig, Marga Legal, Trepte, die Genossin Pollack. Dazu die Veranstalter und zwei Funktionäre des Künstlerclubs *Budapest*, die Übersetzerin, zwei Pressevertreter. C'est tout! Die Geschichten aber, die erzählt wurden, hatten wirklich Seltenheitswert. So die Erzählung von Erpenbeck: Der Abflug von Moskau nach Berlin, die Hinfahrt zum Flughafen mit zwei Autobussen; dem 2. Autobus entstiegen 18 Herren «von der Stange gekleidet», damit keiner merkte, woher sie kommen. – Die romantische Geschichte der italienischen alten Geige und ihrer Besitzerin, hervorragend erzählt von Maetzig. Auch sein Start als Wasserwerker. Er mußte als Leiter die Wasserwerke in Friedrichshagen am Müggelsee übernehmen, ohne jede Ahnung.

Ackermanns Begegnung an der Elbe – sowjetische und amerikanische Soldaten. Wie mache ich Bürgermeister? Auch meine eigene Begebenheit im *Club der Kulturschaffenden* in Rostock. Die Vorstellung der Anwesenden, die Klaus Gysi vornahm: Herr Oberpostdirektor Wieland, Frau Obersekretärin Schwarz, Herr Forstadjunkt Graumann, Genosse Bürgermeister Beil.

Der Beginn der DEFA, des Rundfunks. –

Ich erzähle an dieser Stelle die Geschichte der Möwe *zu Ende und springe in den*

Mai 1980

Letztes Mal waren es 25 Jahre nach dem Friedensschluß und der Befreiung vom Faschismus, jetzt sind es 35 Jahre. Wieder saßen wir in der Möwe *– ein kleiner Kreis, noch kleiner. Aber mit zwei sowjetischen Genossen, die 1945 die* Möwe *eröffnet haben: Major Mosjakow, damals Hauptmann Fratkin, heute Professor für Germanistik an der Universität Moskau. Von den anwesenden Schauspielern: Lotte Loebinger, Mathilde Danegger, Heinz Klering, Henneberg, Kohl, Frau Elfriede Ney und ich. Dazu Funktionäre der DSF des Bezirkes Berlin. Der Kamin brannte im großen Zimmer, der Tisch war reichlich gedeckt; zuerst eine Ansprache des Genossen «Leiter» der DSF: Er stand da wie ein Leutnant der preußischen Armee, die Hände auf den Rücken, sich wiegend in den Fußgelenken, den Zettel vor sich auf dem Tisch – ein Bild des Jammers, weil er nicht wußte, wie er die Hände vom Rücken auf das Papier bringen sollte: Der ganze Mann ein ganzer Krampf. Nur beim «Auf Euer*

Wohl, Genossen» wurde er menschlich, da er das Glas ergreifen durfte. Es wurde mit Kognac und Wodka angestoßen: «Auf die Freundschaft!».

Nachdem sich Genosse Mosjakow wegen des protokollmäßigen Verhaltens seines Vorredners gefaßt hatte, sprach auch er: ohne Manuskript, ohne markige Haltung – ein Mensch! Er sprach von den Schwierigkeiten, die die Menschen damals hatten, und daß und wie eines nur sicher sein mußte: tot tschas! sofort! Und was wurde alles sofort gemacht! Aus dem Nichts wurden Theater eröffnet in Berlin und der damaligen sowjetischen Besatzungszone.

Hier in Berlin ging es dank der Möwe reichlich schnell, trotzdem gab es unendliche Schwierigkeiten, wenigstens einen Kostümfundus auf die Beine, Dekorationen auf die Bühne zu stellen. Die Zuschauer liefen stundenlang, da kaum Fahrtmöglichkeiten bestanden, um ins Theater zu kommen. Um das Tageslicht auszunutzen, wurden die Vorstellungen angesetzt auf 16.00 Uhr. Sie waren um 18.00 Uhr zu Ende, damit man noch im Hellen nach Hause laufen konnte. Eintrittsgeld war nicht nötig. Eine Preßkohle war der Wert einer Vorstellung – oder nur eine halbe – man war großzügig.

Ich erinnere mich, wie wir in der Kastanienallee,

im Prater, im Filmraum, der kleinen Podiumsbühne Gerhart Hauptmanns Biberpelz *spielten. Ich spielte Mutter Wolfen, meinen Mann Arthur Wiesner. Gleich im 1. Akt mußten wir zu Abend essen. Aus der* Möwe *bekamen wir eine Suppenterrine voll echter Soljanka auf den Tisch. Arthur und ich waren darin übereingekommen, diese Suppe nie wirklich zu essen, sondern sie platonisch zu löffeln, da die Bühnenarbeiter selber nicht bis zur* Möwe *kommen konnten und sie diese warme Suppe dringend nötig hatten. Aber an einem Abend, als wir wieder die Teller gefüllt hatten und wieder den Löffel nur bis zum Munde führten, rief ein Mann aus dem Zuschauerraum: «Na, nun laßt euch man Zeit, wir warten!» Mehr als große heldische Erzählungen genügt diese kleine Tatsache, um zu zeigen: was für eine Zeit!*

28. 10. 1970

Es wäre eine richtige Sünde, nicht aufzuschreiben, daß Anna eine Haltung der rechten Hand hat, die ich außer bei ihr bei noch niemand sah. Sie hält Daumen und Zeigefinger der rechten Hand stark voneinander getrennt und biegt dann das erste und zweite Glied des Zeigefingers ein, so daß ein gespannter kleiner Kreis zwischen Daumen und Zeigefinger entsteht. Die anderen drei Finger sind aber völlig entspannt.

Übrigens sind Anna und ich schon wieder zweimal in unserem Wäldchen spazieren gegangen. Es war rührend, wie die uns begegnenden Menschen Anteil an diesem Spaziergang nahmen: Fast jeder grüßte sie. Ob Mann, Kind, Frau – alle taten es auf eine rührende, behutsame Weise. Nicht immer bemerkte sie den Gruß, aber wenn, so antwortete sie mit voller Stimme: «Guten Tag!»

Richtig, am Sonntag wurde Roddy 70 Jahre alt. Anna bat mich, unbedingt für ihn die Nußtorte zu backen – tat ich. Brachte ihm noch eine Schallplatte mit: Regers *Variationen über ein Thema von Mozart*. Was aber schenkte die Partei dem Mitbegründer der MASCH! Die Eisenbahnwagen, in denen Lenin von Zürich nach Moskau gefahren ist – in Miniaturausgabe. Bei so viel Gedankenlosigkeit kann man nur weinen. Wie hätten er und Anna sich gefreut, wenn sie eine Erstausgabe von Lenins

Werken in einer der vielen Sprachen, die Roddy alle spricht, geschenkt bekommen hätten. Nein, Kinderspielzeug! Für eine Pionierorganisation ein passendes Geschenk.

Wir hatten am Vorabend, an dem ich den Grill in Bewegung setzte und Schaschlik dabei herauskam, gewettet, wann die ersten Gratulanten kämen. In meiner Einfalt sagte ich: «Um 11.00 Uhr, denn schließlich seid ihr beide 70 Jahre alt; so viel Rücksicht wird man wohl nehmen.» Roddy tippte auf 10.30, und Anna hielt dagegen: «I wo, die kommen kurz nach 9.30 Uhr» – und sie hatte recht. Zum Glück war Ruth schon um 8.00 Uhr da und hatte die Empfangszeremonie übernommen, was sie ausgezeichnet machte.

Was machen die Genossen, wenn sie beieinander sitzen? Sie erzählen sich Witze. Da man sich in dieser oder jener Zusammensetzung sieht und es immer Genossen von vor 1933 sind, geben die Witze etwas vom alten Geist des Sich-schrecklich-wichtig-Nehmens wieder. Hier zwei Witze:

1. Die Sowjetunion drehte ihren ersten Pornofilm: Lenin ohne Mütze.

2. Die Maximode ist in der Sowjetunion verboten, weil sonst die jungen Mädchen die Spur Lenins im Sande verwischen würden.

27. 1. 1971

Heute wurde Genosse Herrmann Matern zu Grabe getragen. Ein Genosse, der die mir noch bekannte Arbeiterklasse vertrat. Der unbestechlich vom Klasseninstinkt, vom Wissen um die Gesetze und Möglichkeiten, die der schöpferische Geist des Marxismus/Leninismus in unserer Zeit durchsetzen könnte, geformt war. Ich bin ihm nur zweimal persönlich begegnet. Das erste Mal war es 1952 auf dem Parteitag in Berlin, das zweite Mal bei einer Kundgebung in der Staatsoper (noch im Metropoltheater). Das erste Mal sprach er über die *Truppe 1931* mit mir, das zweite Mal erkundigte er sich nach der Meinung der Schauspieler zur Umgestaltung der GDBA in die Gewerkschaft Kunst.

Am 16.1. habe ich in Halle Premiere gehabt mit dem Erstlingswerk Erik Neutschs *Haut oder Hemd*. Ein guter, mich freuender Brief, von Neutsch für mich zur Premiere geschrieben, liegt mit dem Programmheft nun in meinem Schreibtisch. Das ist «bleibende» Arbeit. Zusammenarbeit, Aufregung, Anstrengung und Erfolg des Stückes werden in meinem Gedächtnis bleiben. Eigentlich sollte ich ruhig mal aufschreiben, wie vielen Autoren ich schon im Leben bei der Arbeit im Theater oder während der Entstehungszeit ihrer Stücke «auf die Beine geholfen habe». Wenn ich auch sicher nicht den entscheidenden Anstoß, außer beim ersten. Stück vom Paul, gegeben habe. Der erste war Arnold Bronnen.

Ach, das sind ja alte Kamellen, das will niemand wissen.

AUS AUFGEZEICHNETEN GESPRÄCHEN

«Es ist Herbst, es ist Herbst,
es ist grad, als ob du sterbst.»

Herbst 1976

An diesem häßlichen Ende des Jahres 1976 gab es genug, worüber die Anna und ich recht unglücklich waren. Und so gingen wir dicht bei ihrer und meiner Wohnung in Adlershof auf den Kirchhof und nannten das «Friedhofsgespräche». Die Dinge, die uns damals tief bewegten, waren nicht alleine Wolf Biermann. Biermann war für mich ein Bekannter, aber kein geschätzter. Und von der Anna weiß ich nicht, ob die ihn je gesprochen hat. Aber die Reaktionen, die alle kamen, von Freunden kamen auf diesen Mann, waren doch bewegend. Und mich selbst hat meine kleine Enkeltochter, die zwar von der Größe klein ist, aber sonst schon immerhin 22 oder 21 Jahre damals war, ja, die hat mich doch sehr erschüttert. Sie hat an diesem Tag, an dem Biermann im Fernsehen zu hören war, mit einigen Freunden, jungen Freunden natürlich, am Fernseher gesessen und war, da sie ihn nie vorher je gesehen noch gehört hatte, davon so beeindruckt und so aufgewühlt, daß sie, als dann die Nachricht kam, man habe ihn ausgebürgert, einfach eine Reaktion hatte, die bei jungen Leuten wahrscheinlich gar nicht so selten vorkam, nämlich sie sind weinend und aufgeregt hinuntergegangen und haben irgendwohin, auf irgendeine Mauer nur den Namen Biermann geschrieben. Das war das Dümmste, was man überhaupt tun konnte. Aber junge Menschen sind manchmal so. Gut. Sie hat dafür nicht gerade bezahlt, aber sie hat auf jeden Fall eine Lehre mitbekommen; sie wurde nicht verhaftet, aber verhört, einige Stunden, ganz schöne Stunden, voll mit Warten; und das hat sie doch getroffen, und sie hat es auch nicht vergessen. Für mich war das ziemlich schrecklich, weil ich wußte, daß ein Mensch wie sie, mit seiner ganzen Naivität, für lange Zeit sicherlich in der

Möglichkeit, sich zu äußern, gestört sein würde.

Und selbstverständlich haben Anna und ich darüber gesprochen. Wir haben darüber gesprochen, wie schwierig es ist für Regierende, wirklich zu wissen, wie die Handlungen, die sie beschließen, von der Bevölkerung aufgenommen werden. Ganz gewiß waren die Informationen über den «Fall Biermann», die herausgegeben wurden, die denkbar schlechtesten. Und die Bevölkerung war wirklich uninformiert. Denn eines ist sicher, daß die Menschen, die lesen, die Menschen, die sich mit Kunst beschäftigen, die Menschen, die sich mit Politik beschäftigen, hellhörige sind.

Der Beschluß der Ausbürgerung aus der Gemeinschaft der DDR, daß Herr Biermann als Bürger weiterhin nicht fungieren dürfe, hat bei vielen Menschen eine ganz andere Reaktion erzeugt als man es je geglaubt hat. Auch ich bin nicht frei davon zu sagen, daß das Wort «Ausbürgerung» bei mir einen ganz schlechten Klang hat. Es erinnert mich in grauenvoller Weise an die Nazizeit. Wobei ich selber sagen muß, ich bin 1936 von den Nazis ausgebürgert worden. Das hat mich eher stolz als unglücklich gemacht. Denn ich wollte kein Bürger des Nazi-Deutschlands sein. Aber trotzdem beinhaltet das Wort «ausgebürgert» sofort dieselbe Wirkung, ausgestoßen zu sein aus einem Land. Und das Ausgestoßensein, dafür habe ich eigentlich unter sozialistischen Voraussetzungen keine Form des Verständnisses. Wir sind kein Berg, mit dem man nicht sprechen kann.

Leider aber waren die Menschen, die geschickt wurden, lediglich Gesandte, keine geschickten, jedenfalls nicht im Sinne des Wortes geschickt. Sie haben zum Beispiel mit einer Frau, der Schriftstellerin Sarah Kirsch, recht schlecht gesprochen. Denn als sie weggegangen ist, so tat sie es nicht nur einer großen Liebe willen, die dort im Westen vielleicht auf sie gewartet hat, das weiß ich nicht, sondern sie tat es auch wegen ihres Kindes. Denn, nachdem sie für Biermann mitunterzeichnet hatte, schrieb man ihr an die Wohnungstüre – sie wohnte in der Fischerinsel, in dem riesigen Hochhaus –: «Mit so einem Menschen wollen wir nicht zusammen wohnen.» Und ihre kleine Tochter mußte in der Schulklasse auf die letzte

Bank gehen, weil man neben sowas nicht sitzen kann.

Das sind Methoden, wie ich sie aus der Nazizeit gehört habe, ich war ja längst in Frankreich damals, aber die haben mit uns verdammt wenig zu tun. Es wäre mir lieb, wenn sie keine Wirklichkeit wären, aber sie sind es. Da hilft nichts, man muß sehen, wie die Dinge sind. Und wieder möchte ich noch einmal betonen: Oft liegt es daran, daß es sich um die Meinung von sogenannten gefährdeten Intelligenzlern handelt – da ich sie nicht beschimpfen will, will ich dieses scheußliche Wort weglassen – oder um die Meinung von Menschen, die sich eben mehr noch als andere um die Aufgaben, die vor einem sozialistischen Land stehen, Gedanken machen, selbständige Gedanken; aber diese Menschen sind eben keine Führungskräfte in dem Sinne, sondern reproduzierende, die mit vielen Membranen dem Leben und der Wirklichkeit gegenüberstehen. Denn davon bin ich überzeugt, die Berichterstatter der Berichte geben nur selten die volle Wahrheit wieder.

Vielleicht haben wir überhaupt jetzt die Zeit,

über die ich schon einmal in einem anderen Zusammenhang gesagt habe, man habe mich darauf aufmerksam gemacht, daß die Großwetterlage sich verändert hat; sie hat sich hauptsächlich in der Richtung verändert, daß die Kunst kaum noch gebraucht wird. Damit meine ich, daß diese Großwetterlage hoffentlich doch nicht beinhaltet, daß der Krieg ausbrechen wird, aber wohl doch bedeutet, daß man es sich in dieser Situation offensichtlich ideologisch nicht leisten will, Menschen kritisch zu Worte kommen zu lassen, sei es von der Bühne her, sei es durch das Buch, durch den Film oder das Medium Fernsehen. Kunst hat meiner Meinung nach etwas von Provokation. Wenn sie es nicht hat, hat sie aufgehört, Kunst zu sein. Aber Provokation im besten Sinne. Genauso wie die Wissenschaft provozierend versucht, das Alte zu vergessen und neu zu denken, und sich eine Möglichkeit schafft, immer weiter hinaus zu denken und so unglaublich weite Räume wie die Sternenwelt uns näher zu bringen. Gerade wie sie sich weiter interessiert und unglaubliche Erfolge gebracht und gezeitigt hat, genauso ist aber auch der Mensch, der innerhalb eines ideologischen Systems lebt, bereit, vorzudenken und mitzudenken. Dieses Vor- und Mitdenken kann man nicht alleine den Menschen überlassen, die in der Zeitung sich äußern, oder denen, die, wie soll ich sagen, glauben, mit ihren Richtlinien bereits alles erfaßt zu haben. Mir erscheint es wichtig, daß der freie Raum, in dem das Denken sich vollzieht, nicht behindert wird, keinesfalls.

Ich habe Lenins *Ein Schritt vorwärts, zwei Schritte zurück*, diese Broschüre, und diese Gedanken darin immer sehr geliebt und sehr geschätzt. Wenn man etwas korrigieren kann, bemerkt man, daß man dann um so fester und sicherer auftreten kann. Wenn wir uns davor hüten oder wenn wir Angst haben einzugestehen, bestimmte Dinge nicht richtig gemacht zu haben, so sollen wir doch nicht vergessen, daß wir etwas Tolles vorhaben, etwas in der Welt noch nicht Dagewesenes. Ich hoffe, daß wir im Falle Biermann den Mut doch dazu finden.

6.10.1978

Es ist Herbst, es regnet. Für mich ist der Entscheidungswille von Fritz Marquardt sehr erstaunlich, weil der Fritz über sehr, sehr lange Zeit ein sehr zurückhaltender Mann war und auch nach meiner Meinung noch ist, und es muß schon sehr hochgekocht sein, damit der Fritz eine solche Kurzschlußreaktion hat und kündigt. Denn für mich ist es eine Kurzschlußreaktion, die zwar nicht unberechtigt ist, aber dennoch eine Kurzschlußreaktion bleibt. Und natürlich ist sie kein Zufallstreffer in dieser Zeit. Wir leben in einer politisch sehr harten Zeit. Und natürlich möchte man sich von den, wie man meint, wie man meint, das möchte ich dreimal betonen: wie man meint, von den unzuverlässigen Kantonisten trennen. Und jede Regung, die da kommt und die angeregt wird und den anderen dazu verleitet, sich zu isolieren, wird angenommen. So etwas haben wir schon mal erlebt, ich hab das schon mal erlebt. Es ist heißer gekocht und vorläufig noch nicht heiß gegessen. Aus diesem Grunde sind alle Schwierigkeiten, die eventuell kommen könnten, von vornherein zu eliminieren. Es wird nicht danach gefragt, was den Menschen angenehm ist, endlich auszusprechen, weiterzudenken, vorwärtszudenken, bestimmte Dinge zu kritisieren, zu analysieren, sondern es wird nur darauf gesehen, das Erworbene zu erhalten. Wir feiern den 30. Jahrestag, es soll alles in Schönheit für uns sein, und man trennt sich lieber von denen, die Ungereimtheiten sagen, sich immer leicht nach vorne gewagt haben. Diese Spitzen werden nun beschnitten, um der Gemeinsamkeit die Möglichkeit zu geben, zu wirken. Das ist ein trauriges Eingeständnis, aber es ist so.

Immer sind es die Künstler gewesen, in welchem Jahrhundert auch immer, die als einzige und wenige an bestimmten Nahtstellen ihrer Zeit versucht haben, Verständnis zu erwecken bei ihren Mitbürgern für das, was sie versäumen, für das, was ihnen entgeht; sie hätten schon viel weiter sein können, wenn sie zur rechten Zeit zugehört hätten. Es ist nicht nur eine deutsche Misere, es ist die Misere zwischen den vorpreschenden, den sich bewegenden Menschen, die für die Bewegung da sind, und den anderen, die für das Erhalten da sind. Was wesentlicher ist, ich weiß es nicht. Für mich ist immer das Unruhig-Machende wesentlich gewesen in meinem ganzen Leben, und ich werde auch nie davon lassen.

Wenn du mich nach einem Beispiel fragst, ich habe nichts so tief bedauert wie das, daß wir 1962 mit *Moritz Tasso* von Peter Hacks verboten wurden; das passierte auf einer riesigen Sitzung, an die ich mich noch ganz genau erinnere. Da wurde uns so eine Lächerlichkeit von dem Genossen Siegfried Wagner, der damals die Leitung der Kulturabteilung des Zentralkomitees hatte, gesagt, man müsse das Stück absetzen, es sei eine Beleidigung für die deutschen Bauern, daß sie geplündert hätten bei ihren Herren im Gutshof und daß man das nicht verstünde. In Wahrheit ging es dagegen um die Lebensfreude und um die offene, erotische, bejahende Lust, das war der eine echte Grund. Der zweite war ein viel tieferer, ein politischer, daß der Parteisekretär nämlich nicht recht hatte, sondern viel eher Moritz Tasso. Das konnte sich die Partei nicht leisten. Daß ein Parteisekretär sich sozusagen vor der

Masse des Publikums ins Unrecht setzt, war damals eben politisch nicht zu gebrauchen. Während ich fand, das könnten wir uns durchaus leisten, wir sind stark genug, wir erwecken viel mehr Verständnis bei unseren Zuhörern und Zuschauern, wenn wir gestehen, daß wir gerade an diesem harten Anfang nicht immer wußten, wo die richtige Linie läuft, und daß man doch selbstverständlich auch Fehler machen konnte. Was mir bis heute nicht begreiflich ist: Der Weg des Sozialismus zum Kommunismus ist ein völlig erster Weg, und da darfst du keinen Fehler machen? Da kann ich nur lachen. Ich habe auch nie dieses schreckliche Lied: *«Die Partei, die Partei hat immer recht...»* je mitgesungen. Wie kann man von einer Partei, die den dialektischen Materialismus zur Maxime ihres Denkens gemacht hat, so einen undialektischen Quatsch singen lassen!

ROTE FAHNE MIT TRAUERFLOR

TAGEBUCH 1988-1990

Zeit ist Alpha und Omega

Petzow. 3. 8. 1988

Mit 70 Jahren hab ich angefangen, mein Leben bis zu unserer Ankunft 1947 in Deutschland aufzuschreiben. Es ist ein Buch geworden, *Trab der Schaukelpferde,* am 20. Juni dieses Jahres wurde es wieder aufgelegt. Bin ich nun stolz darauf? Als ich das Buch zum ersten Mal in der Hand hatte, schien es mir, es sei ein Verrat an meinen Freunden, an meiner Vergangenheit. Wozu mußte ich das schreiben? Was alles fehlt darin, meine Liebeserlebnisse, meine Mühen mit dem Leben selbst. Nie war ich eine «...kam-sah-und-siegte»-Frau, immer mußte ich mich in schwierigen Situationen mit viel Energie durchsetzen. Manchmal gelang es, manchmal überhaupt nicht. In den vielen Briefen und Telegrammen zu meinem 80. Geburtstag steht sehr oft, ich sei eine Lebenskünstlerin. Wirklich ehrenvoll. Eine Gabe aber habe ich gewiß, die Gabe zu genießen. Möglichst bewußt zu leben, nicht so zu tun, als hätte ich alles Geschehen dem Zufall überlassen. Selbständig zu handeln, damit hatte ich schon als Kind angefangen und ich habe mich darin während meines langen Lebens weiterentwickelt. Schon in der Schule war ich ein Leittier und bin es geblieben; man hat meine Meinung, meine Haltung ernstgenommen. Ich reagierte fast immer intuitiv und sprach das, was mir in einer besonderen Situation durch den Kopf ging, aus. Nachdenken bereitet Vergnügen.

Eigentlich sollte mein Buch *Denken hilft* heißen, aber mein Lektor fand das zu präpotent, unter diesem Titel schwer zu verkaufen. So habe ich es gelassen und dafür einen weisen Satz von Ernst Legal genommen: Eine Sitzung mit den Kollegen der Genossenschaft deutscher Bühnenangehöriger hatte mich sehr enttäuscht, da sagte Legal, der Präsident, zu mir: «Reg dich doch nicht auf. Das ist doch die Galerie der Schaukelpferde.» Diesen Satz habe ich behalten und dann den «Trab» gegen «die Galerie» eingetauscht. Dagegen hat eine wunderbare Statue, die Nike von Samothrake, einen unauslöschlichen Eindruck auf mich gemacht. Auf unnachahmliche Weise ist *der Schritt nach vorn* festgehalten. Ohne Kopf, die Haltung genügt: das Streben der Menschheit nach einer hoffnungsvollen Ferne. Immer, wenn ich in den *Louvre* komme, das letzte Mal 1986, bleibe ich lange vor ihr stehen.

Petzow, 6. 8. 1988

Bei vielen Gesprächen mit Reiner Kerndl und Berta Waterstradt kommt die Vergangenheit auf besondere Weise zurück. Ohne die vielen Anstöße durch Gorbatschow und seine Politik wären diese Gespräche früher anders verlaufen. So aber ist uns allen dreien, den Alten, ohne große Schwierigkeiten noch einmal klar geworden, welche unmöglichen Entscheidungen das ZK in W. Ulbrichts Zeit getroffen hat. Natürlich, man denkt sofort an den blöden Satz: «Überholen, ohne einzuholen!» Darüber könnte man noch lachen. Wenn es dann aber später hieß: «Fehler überwinden wir im Vorwärtsschreiten», so gab es keinen Grund mehr zum Lachen, sondern das war die offizielle Absage an die marxistische Dialektik.

1960 etwa sah ich zum ersten Mal den roten Teppich ausgelegt, vor dem Ostbahnhof, das war ein tiefgreifendes Erlebnis. Da ich es eilig hatte, lief ich schräg darüber und wurde sogleich von den fein angezogenen Herren streng verwarnt. Arbeiterführer empfangen einander auf der Königsebene, gibt es etwas Absurderes? Günter, dem ich mein Erlebnis erzählte, war genauso betroffen. Wir haben aber darüber vor anderen den Mund nicht aufgemacht. Über Jahre haben wir uns mit unseren Freunden schwere Sorgen über die Führung der Partei gemacht und über sie diskutiert. Natürlich immer «gegen die Wand»; vielleicht war ich insofern eine Ausnahme, als ich meine Sorgen und Bedenken auch in meiner Parteizelle ausgesprochen habe. Sehr zum Mißfallen der jeweiligen Parteisekretäre, aber geändert habe ich damit nichts. Was hat es genützt, gegen den Ausschluß von Matthias Langhoff zu stimmen, von Fritz Marquardt. Einen großen Dreck.

6. Oktober 1978

Für mich ist der Entscheidungswille vom Fritz Marquardt sehr erstaunlich, weil der Fritz über sehr, sehr lange Zeit ein zurückhaltender Mann war und auch nach meiner Meinung noch ist, und es muß schon sehr hochgekocht sein, damit der Fritz eine solche Kurzschlußreaktion hat und kündigt. Denn für mich ist es eine Kurzschlußreaktion, die nicht unberechtigt ist, aber es ist eine Kurzschlußreaktion. Und natürlich ist sie kein Zufallstreffer in dieser Zeit. Wir leben in einer politisch sehr harten Zeit. [...] Immer sind es die Künstler gewesen, in welchem Jahrhundert auch immer, die als einzige und wenige an bestimmten Nahtstellen ihrer Zeit versucht haben, Verständnis zu erwecken bei ihren Mitbürgern für das, was sie versäumen, für das, was ihnen entgeht; sie hätten schon viel weiter sein können, wenn sie zur rechten Zeit zugehört hätten. Es ist nicht nur eine deutsche Misere, es ist die

Misere zwischen den vorpreschenden, den sich bewegenden Menschen, die für die Bewegung da sind, und den anderen, die für das Erhalten da sind.

Als ich '68 aus Mexiko zurückkam und zu den Ereignissen in der CSSR befragt wurde, da habe ich nur gesagt, daß ich es unbegreiflich fände und völlig instinktlos, mit den alten Naziuniformen ausgerechnet in die CSSR einzumarschieren. Alle waren starr. Die ganze Truppe war überzeugt, daß es ein Nachspiel geben würde. Nichts. –

Berlin, 26. 8. 1988

Am 20. Juni haben wir im Restaurant *Wolga* Jeanne Sterns 80. Geburtstag gefeiert. Mein Gott, wie schrecklich sah Kurt aus. Es ist zum Staunen, daß er noch die Kraft zum Laufen hat, sich aus dem Stuhl zu erheben. Das Gesicht ist nur noch Haut und Knochen, mit grünen Flecken, wie aus der *Höllenfahrt* von Breughel. Trotzdem glaube ich immer noch, daß er uns alle überleben wird.

Viele alte Freunde sind gekommen, und

viele haben gefehlt. Es hat mir besonders leid getan, daß Christa Wolf nicht da war. Hörte dann, daß sie schwer krank gewesen und jetzt langsam auf dem Wege der Besserung sei. So habe ich mich zum Ehepaar Caspar und Janka an einen Tisch gesetzt; bis zum Aufbruch blieben wir da zusammen. Walter J. hat richtig Auftrieb bekommen. Wir haben uns schon ewig nicht mehr an einem Tisch gesprochen. Natürlich, nun bekommt er langsam Oberwasser. Er hat es nicht mehr nötig, nur über die Ungerechtigkeit, die ihm widerfahren ist, zu lamentieren, was wirklich schon an der Grenze des Erträglichen war.

Aufschlußreich und des Behaltens wert ist, was Günther Caspar über den Tag der Verhaftung von Walter Janka damals im Aufbau-Verlag erzählt hat: Nachdem Janka abgeführt wurde, fuhren Bodo Uhse und Günther Caspar sofort zu Becher. Becher hat versucht, Walter Ulbricht anzurufen, er war nicht zu sprechen. Es gelang ihm nicht, weitere Genossen des Zentralkomitees ans Telefon zu bekommen. Danach haben sich alle drei betrunken, Uhse, Caspar und Becher.

Berlin, 27. 10. 1988

Sitze völlig abgemüdet am Tisch. War vier Stunden in der Stadt, um folgendes zu besorgen: ein *eau de toilette* für eine Freundin zum Geburtstag, in der Boutique. Es gab aber nur ein *eau de cologne,* hergestellt bei uns, winzigstes Format, Preis: 23, 50 Mark. Habe es gekauft. Hoffte dann, im Spandauer Reisebüro eine Fahrkarte nach Hamburg bekommen zu können. Gab es dort nicht. Nur für Touristen, möglichst Reisegruppen. Fuhr weiter zum Bahnhof Friedrichstraße. Vor dem Fahrkartenschalter eine Riesenschlange. Drehte um und begab mich zum Reisebüro Charlottenstraße. Kein Kunde im Laden, 16.00 Uhr. Am Fahrkartenschalter ein Hinweisschild: «Karten nur auf Bestellung von Betrieben oder Gruppenreisen.» Hinter den Schaltern zwei Damen und eine Kassiererin. Ich erlaube mir, meinen Paß und VdN-Ausweis vorzulegen und um eine Fahrkarte zu bitten. «Können Sie nicht lesen?», die liebenswürdige Antwort. Sage, daß ich 80 Jahre alt sei und mich unmöglich am Bahnhof Friedrichstraße anstellen könne; daß ich hier doch schon oft meine Fahrkarten bekommen habe. Antwort der Damc: «Wir sind unterbesetzt und werden deshalb mit der Einzelarbeit nicht fertig.» Ich weise auf den völlig leeren Raum hin und bitte darum, mit dem Leiter zu sprechen. So geschieht es. Der Leiter ist höflich und einsichtsvoll, bietet mir einen Platz an, er müsse telefonieren, recherchieren etc. Nach zwanzig Minuten bekomme ich sowohl Fahr- wie Platzkarte. Ich bedanke mich und gehe. Seh mir beide Karten an, die Abfahrt des Zuges ist nicht vermerkt. Zurück zum Schalter. Gebe die Karten zurück, warte wieder ein Weilchen, erhalte sie dankend zurück, die Abfahrt ist auf den Fahrkarten verzeichnet: 12.46 Uhr. Uff.

Berlin, 7. 1. 1989

Gestern war Curt Veth zum Abendessen bei mir. Er ist zu guter Letzt Leiter, sprich Rektor der Hochschule für Schauspielkunst *Ernst Busch* geworden. Ich gönne es ihm und den Studentinnen und Studenten von Herzen, denn da ist ein Mensch, der viel erlebt hat und mit seinen offenen Ohren, Augen und seinem schnell denkenden Gehirn sicher ein Leiter ist. Natürlich auch ein «débrouillard», aber was will man in einer solchen Zeit machen? Man richtet sich ein. – Ihm habe ich fest versprochen, an jedem Tag des Jahres wenigstens eine Seite zu schreiben. Er hat recht, so ist die Lebenszeit, die mir noch gegeben ist, nicht ganz vertan. Genug zum Schreiben gibt es schließlich.

Wir leben in der DDR wie die Ameisen; die Königin stirbt gerade, ihre Soldaten umlagern sie, die Kraft, kaum daß sie je in ihren Genuß gekommen wären, ist verpufft. Aber: Beteiligt waren sie doch. Wie lange noch? Es ist ekelhaft. Ein bereits dem Tod geweihter Kreis gibt sich den starrköpfigen Gedanken seiner Erfolge hin, ohne die neue Zeit auch nur zu begreifen.

Natürlich bin ich selber alt, aber noch mit dem Leben verbunden. Was sind das für Sorgen, die heute die Leitung beunruhigen: Wie wird die Januar-Demonstration vonstatten gehen, wie der 1. Mai über die Runden gebracht? Vielleicht erinnern sie sich mal, daß im Januar die Toten geehrt werden, Rosa Luxemburg,

Karl Liebknecht und Lenin. Warum ausgerechnet sie da alle auf dem Friedhof stehen und sich durch Winken huldigen lassen müssen, ist unerfindlich. Vor den Gedenktafeln die Fahnen dreimal senken und weitergehen, und zwar allen voran das ZK. Das ist wirklich ein Ehrentag. Diese blöden Reden können im besten Fall in der Zeitung stehen und im Fernsehen runtergelesen werden.

Berlin, 8. 1. 1989

Heute steht die Losung zum 15. 1. 1989 zur Demonstration in der Zeitung: «*Wir ehren Karl Liebknecht und Rosa Luxemburg durch hohe Leistungen zur Stärkung des Sozialismus und des Friedens. Vorwärts zum 40. Jahrestag der DDR.*» Es spricht: Joachim Herrmann, Sekretär des ZK der SED.

Da ist wirklich die ganze phantasielose Politik unserer Partei in zwei Sätzen gekennzeichnet. Auch die vollkommene Wertschätzung der Frau in der Politik, zuerst Karl Liebknecht, dann Luxemburg! Und wie könnte bei uns ein Hinweis auf irgendein Ereignis unserer Republik fehlen. «40 Jahre», auch ein grundlegender Anlaß. Wie wäre es denn gewesen, wenn es hieße: «Rosa Luxemburg, Karl Liebknecht, ermordet 1919, Kämpferin und Kämpfer für Frieden, gegen Unterdrückung der arbeitenden Menschen in allen Ländern. Ihre Ziele sind die unseren geblieben. 1989 im 40. Jahre der DDR.»

Dafür ist aber auch Joachim Herrmann der Propagandist unserer Partei.

10. 1. 1989

Gestern ist mir viel zu viel passiert, da blieb zum Schreiben keine Zeit. Mein Auto, das Weihnachtsgeschenk von mir an mich, habe ich genau vom 20. 12. 1988 bis zum 7. 1. 1989 gefahren, dann blieb es stehen und tat nichts mehr. So bis heute. Donnerstag werde ich hören, was man in der Werkstatt sagt.

Dann hatte Heiner Müller 60. Geburtstag. Ging noch einmal zum *Lohndrücker*, danach zur Feier in die *Kammerspiele*. Beides war in seiner Art ausgezeichnet!

Heute nun habe ich mich ausgeschlafen, nach der gestrigen Anstrengung, und blieb den ganzen Tag über in der Wohnung. Dafür ist es frühlingshaft warm draußen, aber grau und feucht, zum Weinen. Ich hatte genug Zeit, über Heiner nachzudenken, kenne ihn nun 32 Jahre.

Als er gestern im schwachen Licht des Vorraumes vom Foyer der *Kammerspiele* nach nicht all zu lauter Popmusik mit einer Frau fast alleine tanzte, die Füße leicht über die Steine hob, die Frau nur symbolisch mit den Fingern berührte, nie umfaßte, da war es wie ein Lebensbekenntnis. Natürlich nicht bewußt. Sicher hatte er auch schon reichlich getrunken (es war kurz vor 1.00 Uhr). Trotzdem, er war ein glücklicher Mensch. Er hat erreicht, daß selbst seine Feinde ihn anerkennen müssen. Ein dramatischer Dichter! Zu Lebzeiten begehrt, verehrt, auch beleidigt. Die Frau zum Tanzen: Ruth Berghaus.

Mir ist zum Lachen zumute, denn ich denke an meine Begegnung auf dem Bahnhof Friedrichstraße nach der Premiere von Brechts *Kreidekreis*. Der große Kritiker Polaschek sagte zu mir, es habe ihm sehr gefallen, ob es aber von den einfachen Menschen verstanden würde? Ich habe ihn gefragt, ob er sich für eine Ausnahme hielte. «Aber nein, beileibe nicht», seine Antwort. Meine: Dann sei es um das Verständnis der Menschen nicht schlecht bestellt.

11. 1. 1989

9.00 Uhr, beim Rundfunk. Spreche gleich aufs Band für den Berliner Sender, mit Frau Bethien, anderthalb Stunden. Muß um 11.30 Uhr im Klinikum Buch zur Routineuntersuchung sein. Wir beschließen Labortests, für den 16., 9.00 Uhr, um den Juckreiz, den ich nun seit einem Jahr habe, aufzuklären. Gehe zu Gertrud und Albrecht Wollenberger. Essen und schwatzen bis 3.00 Uhr. Dann fahre ich nach Hause, ruhe mich eine halbe Stunde aus und gehe ins *Moskau* zum Essen. Zu Hause finde ich einen Zettel von Anja an der Tür: «Zum 3. Mal umsonst gekommen.» Die Arme!

13. 1. 1989

Anja und ich haben uns endlich getroffen. Das Auto ist als geheilt aus der Werkstatt entlassen.

14. 1. 1989

Zum Essen bei Marga und Karl. Wie immer macht uns Marga mit ihren Kochkünsten Freude. Auch Lola ist da. Es geht ihr wieder viel besser, sieht auch besser aus. Aber wie so häufig kommt es bei ihr im Laufe des Gesprächs dazu, daß sie ihre proletarische Moral genau da entdeckt, wo das Geldausgeben für private Leistungen anfängt. Ich muß lachen, wenn sie behauptet, aus sozialistischem Ehrgefühl keine Trinkgelder zu geben, weil die Leute doch nach Tarif bezahlt würden. Ja, wo bei den verschiedenen Menschen die Sparsamkeit beginnt.

Am Abend war ich in den Jugendclub *Leipziger Str. 55* eingeladen. Es wurde sehr spät. War erst um 1/2 zwei zu Hause. Da ich das Auto mit hatte, habe ich von 20.00–1.00 Uhr nüchtern dagesessen. Habe auch gar nicht ans Trinken denken müssen, denn es gab genug zu sehen und zu hören. Film des Dokfilmstudios Babelsberg; Regisseur Voigts *Alfred*. Geschichte eines Arbeiters, 1907–1983 in Dresden, Genosse, '27 geschmissen, '29 wieder eingetreten, ausgeschlossen wegen Trotzkismus und Anarchismus, versucht sich im Untergrund, wird geschnappt und sitzt in Buchenwald, kommt durch. BGL-Vorsitzender im Werk Großschmelzeisenwerk Dresden, wo er früher Arbeiter war. Dann Mitglied der Bezirksleitung, aus der er '81 ausscheidet. Am liebsten auch aus der Partei. Ist müde und skeptisch geworden. Noch glücklich mit seiner Frau, einer rundlichen verständnisvollen Weggenossin. Beide sprechen ein kräftiges Dresdner Sächsisch. Der Dokfilm konnte gezeigt werden, weil Heiner Carow sein Protektor war. Die Wiedergabe war reichlich schlecht, der Film selbst durch gute Einfälle unterstützt, die Bilder haben die Geschichte erzählt.

Danach ein Liedermacher mit kleiner zarter Frau, die hervorragend Saxophon bläst. Er machte gute Texte: «Jetzt geht's uns besser,

besser, besser, früher ging's uns gut.» Sie heißen Tanja und Körbel.

15. 1. 1989

Am Abend bin ich mit Sigurd Schulze wieder einmal nach ewigen Zeiten ins Theater gegangen. «The English players» haben bei uns in der *Volksbühne Richard III.* gespielt, an unsere Zeit auf angenehme Weise adaptiert in heutigen Kostümen, Dekorationen, mit Telefonen und Computern. Nie als Störeffekt eingesetzt, sondern als Notwendigkeit. Allerdings in der letzten Szene wird plötzlich zwischen Richard und Hastings mit echten Ritterrüstungen und riesigen Schwertern hervorragend gefochten. Weiße und rote Rose, so endet eine Hierachie! Zu Recht ein großer Erfolg.

Amüsant war, daß ich ausgerechnet Heiner Müller, Siegfried Matthus und Sigurd Schulze zur selben Zeit, am gleichen Ort getroffen habe. Wir vier haben zusammen in der Hochschule für Ökonomie und Planung den *Lohndrücker* von H. M. aufgeführt, da standen wir alle beisammen, Müller als Dramatiker, Schulze als Organisator, Matthus als Komponist, ich als Regisseurin. Unsere alte Laienspielgruppe *Hoppla* entstand wieder vor unserem inneren Auge. Meine Schützlinge sind alle etwas geworden, besonders Heiner Müller und Siegfried Matthus. Und Sigurd konnte mich sogar in seinem neuen Lada 1207 nach Hause fahren.

Mai 1988

Durch Sigurd Schulze, den Leiter unserer Gruppe, «herbeigezaubert», erschien eines Tages, es war im Jahre 1957, ein junger Mann mit einer jungen Frau. Während die Frau wenig sprach, meinte der sehr blasse, sehr schlanke, irgendwie ungewöhnlich aussehende junge Mann, es wäre für ihn außerordentlich interessant, wenn wir Lust hätten, sein Stück Die Lohndrücker *zu spielen, das wir über Sigurd Schulze schon zum Lesen bekommen hatten. Es gefiel uns, wir wußten von vornherein, daß es ein «heißes Eisen» war, aber das störte uns überhaupt nicht. Wir hatten ganz schön daran zu knabbern. Zum Beispiel hatten wir große*

Schwierigkeiten, uns vorzustellen, wie denn so ein Ringofen, wie er im Stück beschrieben wird, aussehen könnte. Wir wollten uns nicht nur den Ofen in Rüdgersdorf ansehen, sondern mit den Arbeitern sprechen, um überhaupt einen Eindruck von der Arbeit zu haben. Jeder fragte, was ihn so interessierte: Wie lange sie das schon machten, wie lange man das aushielte mit dem Kalkstaub, ob sie mit der Bezahlung zufrieden wären, und was Laien so fragen.

Die jungen Leute hatten großen Spaß an der Arbeit. Uns gefiel die Figur des Balke in dem Stück, und uns gefiel vor allem, daß wir es mit einer Gruppe von Arbeitern zu tun hatten, die nicht lauter Ja-Sager waren, die damals noch kein Gespür dafür hatten, was schon in der Zeit los war: Ich meine damit, daß eines der Versäumnisse, die uns Kummer machen, heute darin besteht, den Menschen nicht begreiflich gemacht zu haben, daß diese Fabrik ihre Fabrik ist, daß ihre Arbeit die Arbeit für uns ist. Volkseigen – dieser Begriff ist meiner Meinung nach bis heute in den Köpfen der Menschen nicht wirklich Wahrheit geworden.

Jedenfalls das Stück kam heraus, und es gab riesige politische Auseinandersetzungen, man sagte, es seien so viele negative Aussagen darin. Aber ich fühlte mich stark, wir waren junge Leute, ich war damals auch noch nicht so ungeheuerlich alt. Wir haben uns nicht ein-schüchtern lassen.

Ein Kuriosum will ich noch berichten: Wir meinten, am Schluß des Stückes könnten wir etwas Musik gebrauchen, vielleicht ein Lied. Und so kam wieder ein junger Mann, blond, verhältnismäßig klein, und eine große, schlanke, dunkle Frau, und sie trugen uns beide etwas vor. Es war ein bißchen sehr moderne Musik, aber ich fand, daß sie zu unserem Stück paßte. Und so stand auf unserem Personenzettel: Musik: Siegfried Matthus.

1987 lud mich Heiner Müller ein, auf seine Proben zu kommen. Selbstverständlich machte ich davon Gebrauch. Sehr glücklich war ich über diesen Einschub mit dem Lied der HO, wunderbar vorgetragen von Margit Bendokat, weil es auf imposante und gescheite Weise den Realismus der Handlung mitträgt, und zwar mit Spaß. Ich fand diese Aufhellungen wichtig, bei denen das Publikum auch mal lachen kann, sonst wäre man doch vielleicht eher böse oder deprimiert entlassen worden. Heiner Müller hat es überhaupt auf eine geradezu telepathische Weise (er soll über diesen Begriff nicht böse sein, denn natürlich ist es Ergebnis einer bewußten Arbeit) verstanden, die Schauspieler so zu führen, daß sie die Brechungen spielen und immer wieder zur «Hauptaufgabe» zurückfinden, daß sie die haardünne Distanz zwischen oben und unten, zwischen Parkett und Bühne bewußt machen. Feststellen möchte ich, daß Die Lohndrücker *heute, so, wie das Stück von Heiner Müller inszeniert worden ist, eine wirkliche Unterstützung der Ideen ist, mit denen wir damals angetreten sind: Wie machen wir den Menschen begreiflich, wo und wie sich die Veränderungen der Zeit ausdrücken – nämlich nur in den Menschen selbst. Diese Frage bedient das Stück auf das allerbeste. Ich danke Heiner Müller für die schöne Arbeit und die Begegnung nach 30 Jahren.*

29. 1. 1989

Mein Wartburg aber bockt. Er steht in West-Berlin an der Grenze zwischen Schöneberg und Wilmersdorf. Wieder die Kupplung. Am Dienstagmittag geschah es, am Montag aber darf ich anrufen, ob ein Abschleppdienst ihn abholen kann. Es ist zum Weinen, aber das tue ich nicht. Leider ist es bezeichnend für unsere tatsächliche Wirtschaftslage. So gerne wollte ich, daß mein erstes wie mein letztes Auto ein Wartburg sei. '57 kaufte ich gemeinsam mit Günter unseren ersten Wagen.

19. 2. 1957

Heute habe ich mit Herrn Weihrich die Probefahrt in «unserem» Auto gemacht und mit einem «dicken» Scheck, von Günter unterschrieben, bezahlt. Hoffen wir, daß dieser unser erster privater «Besitz» allen Beteiligten Freude bereitet.

Er hat 14.700 Mark gekostet, fuhr ohne jede Reparatur zwei Jahre, dann war es die Kupplung. Am 20. 12. 1988 bezahlte ich 30.950 Mark, und nach 120 km war es die Kupplung, wurde repariert, nun liegt er, nachdem er 360 km gefahren ist, mit Kupplungsschaden in West-Berlin. Das nenne ich Leistungssteigerung. Die Kontrolleure der Kontrollen taugen einen großen Mist. Pfusch ist Trumpf. Unsere Zeitungen aber sind jeden Tag neu voll von Lobliedern auf unsere Pläne, die sich schon im ersten Monat des Jahres als überholt herausstellen.

12. 2. 1989

Am Freitag wurde bei uns im Theater *Hamlet* aufgeführt, übersetzt von Heiner Müller; inszeniert von Siegfried Höchst; Hamlet gespielt von Cornelia Schmaus.

Bereits am Montag war ich auf der 1. Durchlaufprobe, sechs Stunden. Am Schluß sprach ich kurz mit Siegfried Höchst. Hielt es für wichtig. Bat ihn unter anderem, aber das dringend, unbedingt Cornelia Schmaus nicht als jungen «Ahasver» spielen zu lassen, mit gebeugtem Rücken, den Hut in den Nacken geschoben – wie ein junger Jude. Das erwecke eine völlig falsche Assoziation, habe nicht das geringste mit Hamlet zu tun. Der denkende Mensch mit Phantasie, der deshalb auch mit der Dialektik auf du und du stehe, sei eben nicht gleich immer bereit zum Handeln. Zu viele Entschlüsse seien möglich, so komme auch nur Hamlet auf den Gedanken der Mausefalle. Die meisten Menschen leben ohne anregende Phantasie, und wenn, dann läuft sie oft in ausgetretenen Bahnen, ist Erinnerung, nur selten selbst-schöpferisch. Darum das ewige Mißverständnis, ja, Mißtrauen vor selbst -denkenden Menschen.

26. 2. 1989

Anstatt spazierenzugehen, setze ich mich in die Sonne an meinen Schreibtisch. Damit überbrücke ich meine Depressionen, die Unlust, den Ekel. Ekel vor meinem dauernden Körper-Juckreiz. Nichts hilft. Mich immer damit zu beschäftigen, bringt mich zur Verzweiflung. Warum muß ich mich damit abfinden. «Sie sind eben alt, da trocknet die Haut aus und juckt.» So die Diagnose. Also schmiere ich Fett.

Nun steht es auf dem Papier. Verändert das irgendetwas? Ich werde häßlicher. Soll ich wirklich im Mai nach Paris und London fahren? Mit Anja? Da wäre noch Sinn drin. Berta, meine Schwägerin aus England, hat mich heute angerufen, ob ich auch komme. Es sind wirklich immer wieder dieselben stereotypen Fragen, die sie stellt. Meine ebenso stereotypen Antworten beruhigen sie. Das ist wirklich ein Altersgespräch. Rührend. Sie wird 86 Jahre – immer noch nicht genug? Ihren Kindern zur Last, der Umwelt eine Belästigung. «Will sie denn noch immer was vom Leben haben?», die zweifelnde Frage. Ist mein eigenes Leben denn so viel reicher?

Gestern war meiner Schwiegertochter Nr. 1 Geburtstag. Viele Besucher, sie hat es sich gut und angenehm im neuen Zuhause gemacht. Der lange Korridor gefällt mir, mit dem schrägen Brett von einer Wand zur anderen. Der Wohnraum ist sehr groß, die beiden anderen Zimmer sind mir zu klein. Es gab zu essen und zu trinken und Gespräche. Gleich ist der zweite Monat des Jahres beendet. –

16. 3. 1989

Die Woche hat gut mit dem 13. 3. angefangen. Den ganzen Vormittag habe ich in der *Charité* verbracht. Fädenziehen wegen der kleinen Operation an meiner linken Wade. Danach wird mir gesagt, der Oberarzt möchte mich noch sprechen. Erst gehe ich zu Frau Prof. Dr. Albrecht-Nebel. Wegen meiner juckenden Haut. Ihre Mittel haben nach einer Woche sehr unterschiedlich gewirkt. Mir war natürlich gleich klar, daß Herr Prof. Sönichsen sich nicht für die Haut, sondern nur für den kleinen braunen, leicht erhabenen Flecken auf meiner linken Wade interessiert. Ergo ist es auch das, was ich schon lange wußte, Krebs. Nun höre ich vom Oberarzt, es sei zu wenig fortgeschnitten worden. Darum rät er mir zu einer nochmaligen Operation. Da werde sehr viel mehr herausgeschnitten und das fehlende Fleisch dann aus meinem Oberschenkel ersetzt. Stationär dauere es wenigstens vier Wochen. Natürlich lasse ich es nicht machen. Drängen tun sie nicht. Ich höre schon die Ärzte, wenn ich es machen ließe. «Wie alt sind Sie?» «Bald 81». «Ja, dann heilt es natürlich nicht so schnell. Bei Ihrer Haut.» Das bedeutet, wenn ich zur Operation ginge, könnte ich gleich die Wohnung zusperren, ich sehe sie nicht wieder. So aber habe ich mit dem Tod nicht gerechnet. *«Der Tod soll mir als Freund er-*

scheinen» usw., mit der schönen Musik. So sollte es scin.

Ahrenshoop, 10. 4. 1989

Vier Tage sind wir schon in Ahrenshoop, Dorchen Schaul und ich. Mario hat uns hergefahren, eine Stunde lang habe ich auch chauffiert. Mario, das ist auch eine Geschichte, die des Erzählens wert ist. Habe aber jetzt keine Lust dazu.

Wozu habe ich Lust? Da steht ein Fragezeichen, so ist es auch. Trotzdem, die Sonne, das darum wirklich blaue Meer, das Gelb des Sandstrandes, das ist Lust, Freude, Erlebnis, auch Erinnerung. Wir wohnen bei Ingeborg Hunzinger, sind zu Gast in ihrem blauen Haus. Im Mai 1986 war ich schon einmal mit ihr hier zusammen. Für April tut sich hier allerhand, wohl weil es überhaupt keinen Winter gab, alle Natur fast einen Monat zu früh da ist. Mir ist es sehr recht. Wir sind die ersten Feriengäste; da die Saison noch nicht eröffnet ist, brauchen wir auch keine Kurtaxe zu zahlen, sagte man uns auf der Gemeinde. Ach, wir braven Deutschen, kaum ist der Montag da, melden wir uns sogleich an. Da es draußen noch kühl ist, windig, heize ich den Ofen an. Das tue ich, seit ich es machen kann, für mein Leben gern, Feuer machen. Etwas geradezu Archaisches. Gibt es etwas Schöneres als eine Flamme? Erleuchtet. Der Mensch erleuchtet sich die Dunkelheit. In der Helligkeitsentwicklung hat er es in den Tausenden von Jahren reichlich weitgebracht. Er kann stolz darauf sein. Von moralischer Erleuchtung kann aber kaum die Rede sein.

Ahrenshoop, 17. 4. 1989

Das Wetter wurde immer schöner und immer wärmer, seit Sonntag ist es vorbei damit, heute waren es nur noch 5 Grad, die Sonne aber bleibt uns treu. Nun bläst der Ostwind, das ist kein sanfter. Trotzdem, wir gehen spazieren, am Strand, fahren nach Wustrow und zum Kurhaus, hatten ein lustiges Erlebnis mit der PGH *Fischland*. Wir dachten, dort könnten wir Schmuck und Blau-Druck kaufen, auch Keramik, aber nichts dergleichen, es war eine

PGH für Zement- und Betonteile, für Besitzer von Anrechtsscheinen. –

Heute werden wir in die winterblaue Stube gehen; ob sie überhaupt offen ist und es etwas zum Kaufen gibt?

Geistig bin ich völlig ausgelastet mit dem Buch von Stefan Heym *Nachruf*, so dick wie es ist, habe ich mich zu Hause nicht daran gewagt. Nun aber habe ich von 800 Seiten gleich 400 Seiten gelesen und kann sagen: ein Erlebnis, sowohl das seine wie es auch für mich eines ist. Wenn ich bedenke, was für kluge, weitblickende Menschen wir bei uns haben und wie sie behandelt wurden und werden, dann bin ich doch recht traurig. Ja, Günter hat es schon gesagt: «Wir haben uns das Schwierigste ausgesucht: Kommunisten, Künstler und auch noch Juden zu sein. Das kann kein leichtes Leben werden.» So ist es. – Mit Dorchen habe ich gute Gespräche, zum Teil Erinnerungen gemeinsam verlebter Zeit. Aber doch der eigenen privaten Sphäre, natürlich, auch die Politik nimmt teil.

Ahrenshoop, 23. 4. 1989

Donnerstag ist Dorchen abgefahren und Anja gekommen.

Dora hat ihren Fernseher, klein, aber fein, hier gelassen. So sehe ich abends ab und an in die Röhre. Es ist weniger aufregend als das Buch von Heym. Meine Träume danach sind sehr bedenklich, immer befinde ich mich in einer fast verwahrlosten grauen Menge mit bösen, traurigen Gesichtern, keiner revolutionären Menge, die von mir etwas hören will, sondern Enttäuschte. Ich bin immer ratlos. Auch beim Aufwachen. Dabei lese ich täglich die Ostsee-Zeitung mit den optimistischen Berichten der Wahlkandidaten. Fast alle machen es prima, aber es ist noch keine «himmelblaue Seide», die versprechen sie nur.

Gewiß, gerade hier in Ahrenshoop kann man sehen, wie wir uns entwickelt haben. 1947, gleich nach unserer Ankunft, wohnten wir, dank Klaus Gysi, der damals Kulturbund-Funktionär war, im Haus Seeblick, wurden auch gut bekocht. Das Dorf lag mit seinen strohgedeckten Häusern nahe am Bodden. An der Dorfstraße einige Gründer-Turmhäuser und ein bescheidenes Kurhaus, nicht geöffnet. Jetzt ist Ahrenshoop wieder ein richtiger Badeort.

Berlin, 15. 5. 1989

Schon lange wieder zu Hause, seit dem 27. 4. Ich fuhr mit Anja, nur mit einer kleinen Pause, durch bis nach Berlin in dreieinhalb Stunden. Mit fast 81 Jahren bin ich ganz beruhigt über meine körperliche und geistige Frische, die ich mir sicher in Ahrenshoop geholt habe. Auch die Wunde ist geheilt und der Juckreiz auf ein Minimum beschränkt. Natürlich, da bin ich glücklich! Das sieht man mir auch an.

Gestern war ich bei Gertrud Wollenberger und ihren vielen Kindern und Enkelkindern. Ihr bis dahin unbekannter Cousin ist aus den USA gekommen. Wäre ich jünger, aus der flüchtigen Bekanntschaft wäre vielleicht eine Liebe geworden. So vollkommen harmonisch haben wir aufeinander reagiert. Nun fährt er schon heute um 12.00 Uhr nach Dänemark, Verwandtschaft zu besuchen, und über England zurück nach New York. Es ist sonderbar, seit Jahren geht es mir so, daß nur Männer, natürlich müssen sie über 60 Jahre alt sein, mir gefallen, wenn sie Ausländer sind. Nun aber, um ihn nicht zu vergessen, den schönen Satz aus dem Film *Wir Kellerkinder* von Wolfgang Neuß: *«Nichts ist so fröhlich wie das Nachdenken über die Zukunft von Vorgestern.»*

Berlin, 8. 6. 1989

Leider ist gar nichts fröhlich, so viel kann ich gar nicht in der Nacht über all die Länder in Angst nachdenken, als da sind: Polen, Iran, China – und auch uns selbst nicht zu vergessen.

Habe zwei Besuche gemacht, sehr unterschiedliche. Der erste galt Hilde Lohmar. Sie ist seit Ostern aus ihrem schönen Zuhause in Dresden nach Berlin umgesiedelt, in ein Altersheim in der Büschingenstraße ganz in der Nähe von mir. Nun sitzt sie im Rollstuhl in einem kleinen Zimmer mit Vorraum und Toilette, einem Balkon, der allen Anwohnern gehört, in der Pflege-Abteilung. Da sie sich einen Oberschenkelhalsbruch zugezogen hat, eine silberne Hüfte neu eingesetzt wurde, ist sie ein Pflegefall. Dabei ist sie geistig völlig in Ordnung, aber die kranke Umwelt (die Schwester, eine für 50 Pflegebedürftige, ab 14.00 Uhr) belastet sie doch sehr. Ich brachte ihr eine Matsch-Banane, außen schwarz, mit, die sie so genießt, und von Guerlain eine Emulsion «Pour le corps», wundervoll duftend. Sie war glücklich! Am 9. wird sie 79 Jahre.

Nachdem wir nun Visum und Fahrkarten in der Tasche hatten, habe ich Anja in das Restaurant *Ephraim-Palais* geführt. Das Essen, besonders die Tomatensuppe, war ein Hochgenuß. Dann wußte ich, daß Rolf Ludwig ganz in der Nähe wohnen mußte. Fand es auch. Stieg mit seiner großen Tochter Katharina sechs Etagen hoch und stand vor ihm. Ewig haben wir uns nicht privat gesehen. Wie er mir sagte, wird er im nächsten Jahr 65 Jahre alt.

Nicht nur ich werde alt, auch die jungen Leute um mich kommen in die Jahre. Nein, so was! Er sieht nicht mehr wie der «Diener zweier Herren» aus, aber doch noch durchaus passabel.

Schauspieler behalten eben wirklich ein Stück Kindheit auf ihrem Gesicht und im Herzen. Wie schön!

Berlin, 28. 6. 1989

Aus England zurück.

Horace Walpole an Sir Horace Mann, 5. 3. 1742:

«*... Was denkt Ihr über die Hungerkatastrophe in Bengal, an der 3 Millionen für das Monopol (=Proviant) der Diener der East Indian Company zugrunde gegangen sind? All das ist geschehen und geschieht noch, es sei denn, das Gold, welches diese Greuel veranlaßt hat, kann jene einmal selber vernichten.*

Voltaire hat gesagt, daß die Gelehrsamkeit, Künste und Philosophie die Sitten der Menschheit veredelt hätten: ‹Wenn Tiger lesen könnten, so würden sie vielleicht zahm werden – aber der Mensch?› Was soll ich Euch berichten, um Euer Gesicht wieder aufzuhellen und Euch lächeln zu lassen. Ich erinnere mich, Euch gesagt zu haben, daß die Welt eine Komödie ist für diejenigen, die denken, und eine Tragödie für diejenigen, die fühlen. Das ist die Quintessenz von allem, was ich in 50 Jahren gelernt habe. Adieu.»

Berlin, 23. 7. 1989

«So nimm denn meine Hände und führe mich bis an mein selig Ende und ewiglich. Ich mag allein nicht gehen, nicht einen Schritt. Wo Du magst gehen und stehen, da nimm mich mit.»

Matthias Claudius

Wer hat je etwas Schöneres über Liebe geschrieben?

Berlin, 16. 9. 1989

Ich bin deprimiert. Haben Se Grund? Ich habe Grund. Nicht nur, daß unsere politische Lage mehr als traurig, ohne Einsichten ist, sondern daß sie nur das Gesicht der sturen, alten Leute trägt.

Die Menschen, unsere Menschen, die in reicher Zahl mal wieder mit den Beinen gegen uns abstimmen; nein, auch dazu kommt noch das Trauerspiel meiner alten Freunde um mich herum. Alt sind sie ja nun alle geworden und ich mit ihnen. Wir verlassen die Bühne des Lebens. Gestern war es Hilde Abusch, zu deren Trauerfeier ich in Friedrichsfelde war. Reicht es? Nein, dazu kommt noch etwas sehr Privates. Bevor ich gestern in die Kapelle zur Trauerfeier ging, hatte ich noch einen Strauß roter Rosen für Günter gekauft und wollte sie auf sein Grab legen. Kam hin, und es war kein Grab mehr da. Kein Stein, keine Umzäunung, ebene Erde. Darauf legte ich die Blumen. Meine Schuld?

1987 bin ich umgezogen, im Frühjahr 1988 ging ich zum Friedhofsbüro und wollte nun nach 25 Jahren, die es im August wurden, weiter bezahlen. Die Bearbeiterin fand das Buch von '63 nicht, riet mir, noch einmal zu kommen, es hätte noch Zeit. Dann habe ich es glatt vergessen. Bat noch, aber ganz flüchtig, Tonio oder Anja, das für mich zu erledigen. Erlebte nun gestern dieses Resultat. Frage mich, ob es sich lohnt, die ganze Geschichte aufzurollen. An Günter habe ich immer gedacht, das wird auch so bleiben. Für meine

Asche reicht Wald, See, Feld. Die Kinder werden und würden sowieso zu einer festen Stelle nie gehen. Was also ist passiert? Meine Eigenliebe hat tiefen Schaden genommen.

Berlin, 10. 10. 1989

Das war mal wieder echt Steffie, ich war an einem falschen Grab! Habe nun bis '93 bezahlt und einen Auftrag ausgefüllt, das Grab zu säubern, danach werde ich für weitere Pflege zahlen.

Der 40. Jahrestag ist vergangen. Hoffen wir, daß der 50. besser ausfällt.

6. Oktober 1978

Es wird nicht danach gefragt, was den Menschen angenehm ist, endlich auszusprechen, weiterzudenken, vorwärtszudenken, bestimmte Dinge zu kritisieren, sondern es wird darauf gesehen, das Erworbene zu erhalten. Wir feiern den 30. Jahrestag, es soll alles in Schönheit für uns sein, und man trennt sich lieber von denen, die Ungereimtheiten sagen, sich immer leicht nach vorne gewagt haben.

Diese Spitzen nun werden beschnitten. Das ist ein trauriges Eingeständnis, aber es ist so.

Auch wenn ich mir dann die Radieschen von unten anschaue. Was nun noch alles passieren wird? Ich weiß es nicht. Hoffe aber, es wird besser. 35.000 Menschen, groß und klein, haben uns verlassen. Ihre Schuld? Unsere Schuld! auch wenn Honecker ihnen «keine Träne» nachweint.

Das habe ich begriffen. Schon am 6. und 7. Oktober, dem 40. Jahrestag der DDR, habe ich aus meinem Küchenfenster, das zur Straße geht, meine rote Fahne mit langem Trauerflor aus dem 7. Stock herausgehangen. An beiden Tagen gingen auf der anderen Straßenseite des öfteren zwei Polizisten vor meinem Haus auf und ab. Niemand aber kam zu mir herauf. Die Hausbewohner, die ich im Fahrstuhl traf, versicherten mir, daß sie mich liebten.

Kann der Bürger bei uns behaupten, er arbeite mit, plane mit, regiere mit? Habe das große neue Bilderbuch der DDR erhalten. Darin auch ein Bericht in Kurzform über die 40 Jahre.

VIII. Parteitag, Rede des Gen. Honecker, Anfang: *«Wir kennen nur ein Ziel, das die gesamte Politik unserer Partei durchdringt, alles zu tun für das Wohl der Menschen, für das Glück des Volkes...*

15. 9. 1955

Man muß kämpfen. Kämpfen für das Beste, den menschlichen Menschen. Nicht für eine verschrobene Vorstellung aller «Tugenden», für den verkniffenen Ausdruck ungeküßter Münder und trauriger «Durchhalter», die nicht wissen für was.

...für die Interessen der Arbeiterklasse und aller Werktätigen. Das ist der Sinn des Sozialismus. Dafür arbeiten und kämpfen wir!»

Ist das die Wahrheit von heute?

Berlin, 27. 10. 1989

Wer kann so schnell auf Veränderungen hoffen? Wie heißt es bei Brecht: *«Wer noch lebt sage nicht niemals! [...] So, wie es ist, bleibt es nicht [...] Und aus niemals wird: heute noch.»*

Honecker ist von der Bildfläche verschwunden, mit ihm Mittag und Herrmann. Das kann aber nicht alles sein. Krenz hat, wie bei den Potentaten, auf Anraten von Honecker seinen Platz eingenommen. Krenz sprach bei der Antrittsrede von «Wende». Nachdem er gerade von einer Reise aus Peking zum 40. Jahrestag zurückgekommen war. Dort hatte er das «weise Eingreifen» der chinesischen Partei gegen die Studenten gelobt. Soll man da an eine wirkliche «Wende» glauben? Ich bin skeptisch. Eines ist geschehen, seit Monaten habe ich das *Neue Deutschland* nur im Känguruh-Sprung gelesen, die *Aktuelle Kamera* so gut wie nie bis zum Ende gesehen. Heute schaue ich auf die Uhr, um keine Nachricht zu versäumen, und lese die Zeitung.

Natürlich beteilige ich mich auch an diesem Aufbruch. Wie könnte es anders sein. War in der *Volksbühne*, im *Deutschen Theater*, im *Haus der Jungen Talente* und habe überall, nur kurz, gesprochen. Hatte dabei großen Erfolg. Bin gerührt, aber denke nicht daran, es überzubewerten. Man nimmt mich als Abgesang –, weil ich auch mit ein wenig Humor und Schlagfertigkeit spreche. Ich habe eben Einfälle.

4. 11. 1989

Rede auf dem Alexanderplatz

1933 ging ich allein in ein fremdes Land.

Ich nahm nichts mit.

Aber im Kopf hatte ich einige Zeilen eines Gedichts von Bertolt Brecht:

«Lob der Dialektik:

So wie es ist bleibt es nicht. Wer noch lebt, sage nicht niemals!

Wer seine Lage erkannt hat, wie soll der aufzuhalten sein?

Und aus niemals wird: heute noch.»

Ich wünsche für meine Urenkel, daß sie aufwachsen ohne Fahnenappell. Ohne Staatsbürgerkunde, und daß keine Blau-Hemden mit Fackeln an den «Hohen Herren» vorübergehen!

Ich habe noch einen Vorschlag: Aus Wandlitz machen wir ein Altersheim. Die über 60- und 65-Jährigen können jetzt schon dort wohnen bleiben, wenn sie das tun, was ich jetzt tue: Abtreten.

Ahrenshoop, 26. 11. 1989

Wie gut, daß man niemals weiß, ich jedenfalls nicht, was sich alles in kurzer Zeit ereignen kann. Als ich im Frühjahr da war, hätte ich nie gedacht, daß ich noch vor Ende des Jahres wiederkommen würde. Diesmal ins «Haus Lucas», Dorfstraße. Eigentlich bin ich ausgerissen, weil mich auf einmal zu viele Menschen «lieben». Auf der Straße halten mich wildfremde Menschen an und bitten, mich umarmen, mich an sich drücken zu dürfen. Bewundern mich, schreiben mir Briefe, rufen mich an, besuchen mich. Natürlich gibt es auch negative Briefe, auch blöde Anrufe. Der lustigste: «Sie Vampir!» Der schönste: «Bin eine behinderte Frau und sitze im Rollstuhl in meinem Zimmer in Leipzig; nein, bevor ich Ihnen von mir erzähle, muß ich eine Bitte, Sie betreffend, erfüllen. Natürlich wußte ich Ihre Telefonnummer nicht und wandte mich an die Auskunft. Etwas später rief mich eine Telefonistin an, gab mir Ihre Nummer durch und bat mich, Ihnen unbedingt auszurichten, falls ich Sie ans Telefon bekäme, daß das ganze Fernmeldeamt Leipzig hinter Ihnen stünde und Sie auf das herzlichste grüßen ließe!» Eine Frau aus Dresden sagte, sie hätte mich in einer Gruppe von Frauen gehört, sie hätten überlegt, wie sie mich nennen könnten: «Motor des Volkes!» – Und warum das alles?

Ahrenshoop, 27. 11. 89

Wie ist es zu unserer Massenkundgebung auf dem Alexanderplatz vom 4. 11. gekommen?

Schon bei der ersten Zusammenkunft der Sprechtheater bei uns in der *Volksbühne* war es klar: Dies ist ein Anfang.

Der Intendant Dr. Fritz Rödel hatte die Erlaubnis vom Magistrat bekommen, die Wandelgänge des Parketts für eine Aussprache der Theater benutzen zu können - nicht aber den Zuschauerraum und nicht die Bühne.

Nach der Demonstration am 7., die ja nur aus einem Truppendefilee bestand mit Kanonen und Panzern, war schon ab 10.30 Uhr Freizeit. Ich stieg um 11.00 Uhr aus der U-

Bahn, da standen zwei Panzer mit Besatzung auf der anderen Straßenseite. Zufall oder Absicht? Ich weiß es nicht. Beeindruckt haben sie mich nicht. Als ich dann um 11.00 Uhr von dem Bühneneingang aus ins Foyer kam, waren schon mindestens 250 Menschen anwesend. Beglückt war ich von den vielen Kollegen, die mit ihren Kindern, groß und klein, sogar mit Kinderwagen und ihren Partnern gekommen waren. Auch andere Künstlerverbände, Bildende Kunst, Schauspielschüler, Kollegen des Theaters Dresden, Rudolfstadt, Puppenspieler.

26. 5. 1956

Ja, wir Schaupieler haben es eigentlich entsetzlich gut, daß wir uns von Berufs wegen mit dem Aussprechen von Ideen, mit Schwierigkeiten, Glück und Unglück gedichteter Menschen auseinandersetzen müssen. Man bekommt davon feinere Nerven und bessere Augen und Ohren und sieht seinen Mitmenschen viel genauer zu, ohne kleinspießige Neugier, sondern mit der echten, fruchtbaren Neugier, das Wesentliche zu erfassen.

Schnell wurde ein nicht allzu hohes, nicht allzu großes Praktikabel (Podest, 12 cm hoch) von den Arbeitern aufgestellt, um die Redner etwas aus der Menge hervorzuheben. Viele sprachen. Es gab keine Rednerliste, keine Organisation, außer Marion van de Kamp, die als Vertreterin der Schauspieler in der BGL (Betriebsgewerkschaftsleitung) zusammen mit dem Intendanten die Einladung an die Sprechbühnen weitergegeben hatte. Außerdem konnte man hier einmal wieder feststellen, was Mundpropaganda alles auf die Beine stellt. Der Kollege aus Dresden sprach als einer der ersten von den Zuständen auf und vor dem Bahnhof in Dresden: Die Folgen der Umleitung der Züge von Prag über Dresden in die BRD. Die meisten der Zuschauer waren wie benommen, daß sich so etwas in unserer ordentlichen DDR abspielen konnte. Unter anderem wurde beschlossen, in jedem Theater Resolutionen zu entwerfen, die entweder am Schluß der Vorstellung vorgelesen oder aber, falls das verboten würde, auf Aufstellern niedergeschrieben werden sollten, auf denen sich auch die Zuschauer dazu bekennen könnten.

Aussprachen nach den Vorstellungen wurden vorgeschlagen. Alle Anwesenden stimmten zu. Am Schluß aber wurde darum gebeten, daß die jeweiligen BGL-Mitglieder der Schauspieler am 9. 10. wieder im Foyer der *Volksbühne* zusammenkommen sollten. Ich werde dazu von Marion eingeladen. Plötzlich ist sie eine aktive Frau, voller Initiative, aufgeschlossen, aufgebracht, außer sich. Das ist nun wirklich seit Wochen das Wahrzeichen für so viele Menschen, die endlich nicht mehr ruhig bleiben, frei ihre Meinung äußern wollen. An einem Montag ging von Leipzig, vor der Thomanerkirche, eine Demonstration aus; mit dem Ruf: «Wir sind das Volk.» Damit wurde eine Entscheidung herbeigeführt.

Ahrenshoop, 30. 11. 1989

«Was kann euch Angst noch rühren
Ihr sterbt mit allen Tieren
Und es kommt nichts nachher.»
B. Brecht, *Gegen Verführung*

So ist es mir doch im Augenblick «zum Sterben».

Muß, wird das Maß bis zur Neige gehen? Nicht einer der führenden Genossen des ZK hat eine weiße Weste, nicht einer hat an das Gewissen der anderen gerührt, weil sie alle im Dreck des Habens erstickt sind. Und ich dumme Trütsche habe wirklich an einen Kommunismus geglaubt, in dem der Einzelne für das Wohl der anderen lebt. Habe auch selber versucht, nach solchen Prinzipien zu leben. Als freiwillige Einsicht in diese Notwendigkeit. Schon als ich mit 23 Jahren in die Partei eingetreten bin, wollte ich dieses langweilige 1000 mal gelebte Leben des Habens aus meinem Leben verbannen. Wenn sich wohlhabende, ja, reiche Männer um mich bewarben, habe ich sie freundlich, aber unmißverständlich abgelehnt.

«Jedoch eines Tags und der Tag war blau/ Kam einer, der mich nicht bat/ Und er hängte seinen Hut an den Nagel in meiner Kammer/ Und ich wußte nicht, was ich tat./ Und als er kein Geld hatte/ Und als er nicht nett war/ Und sein Kragen war auch am Sonntag nicht rein/ Und als er nicht wußte, was

sich bei einer Dame schickt/ Zu ihm sagte ich nicht ‹Nein›.» Dreigroschenoper, Brecht

Und so bin ich geblieben. Kein Mensch kann ohne Hoffnung auf Glück, auf Einverständnis mit seiner Umwelt leben. Muß ich nun mit 81 Jahren wieder von unten anfangen? Scham ist sicher nicht nur des Errötens wert, sondern es bleibt beim Ekel und der Enttäuschung, kein Halt. Was bietet Halt?

Nur zur Vervollständigung der heutigen Nachrichten: Aus den Soli-Beiträgen der Mitglieder des FDGB wurden an die FDJ 100 Millionen für das Pfingsttreffen in diesem Jahr «abgezweigt». 50 Millionen hat die FDJ ausgegeben, die restlichen 50 Millionen? Kein Nachweis! Was müssen wir nur für ein reiches Land sein, wenn sich die höchsten und die mittleren Kader so viele Korruptionen, Bereicherungen, Schiebungen leisten konnten! Wann wird es je eine echte Bilanz der vorhandenen Werte der Betriebe und Einrichtungen geben? Wann wird die Zahl bekannt, was in einem Jahr der Haushalt des Staates einnimmt und ausgibt? Sowohl in Ost- wie in West-Mark? Aber alle sind Arbeiter-Führer!

Ahrenshoop, 1. 12. 1989

Hörte und sah gestern Abend noch das *Vierer-Gespräch am Donnerstagabend*. Bis auf den Arbeiter aus dem Kohlebezirk Halle gab es keinen Menschen zu sehen, sondern lediglich vier Genossen mit aufgesetztem falschen Lächeln. Am meisten fiel der neue Minister für Tourismus Benthien auf. Die Antworten auf die telefonischen Fragen gaben alle so schlecht, daß man aus der Haut fahren konnte. Alle entschuldigten sich damit, daß sie erst 14 Tage im Amt seien. Es wäre besser gewesen, Frau Genossin Kimmel, die Genossen Mensch und Fuchs, und die Herren Genossen: Prof. Emons, Benthien und das NDPD-Mitglied, der Minister für Handel und Versorgung, hätten abgesagt.

Das Präsidium des ZK kommt nicht zustande, jedenfalls nicht in der Öffentlichkeit. Die Volkskammer muß nun endlich über den § 1 der Verfassung abstimmen, in dem die Oberhoheit der Partei über alle verankert ist. In der CSSR ist dieser Paragraph als erster gefallen, ebenso wie der Paragraph über die Erziehung. Bravo für die Tschechoslowakei! Wir aber meinten, es genüge, «die Wende» in der Partei vorzunehmen und dadurch das Vertrauen wiederzugewinnen. Da lachen doch die Hühner. Es ist bereits 1/2 12 vorbei, um 11.00 Uhr sollte die Volkskammer tagen. Der § 1 ist geändert worden, und zwar entfällt zukünftig der 2. Teil des ersten Satzes. Das genügt für heute.

Ahrenshoop, 2. 12. 1989

Sah mich zufällig auf einer Video-Aufzeichnung vom 4. 11., auf dem Alexanderplatz. Fand mich wirkungsvoll, auch überzeugend. Das kommt selten bei mir vor. Die «chronique scandaleuse» hält an. Leider dauert es bei uns viel zu lange, bis wirklich alles zutage kommen darf. Sicher hat ein Generalstaatsanwalt etwas zu verlieren. Wenn aber die Recherchen zu eindeutigen Ergebnissen kommen, darf sofort mit der Verhaftung und dem Prozeß begonnen werden. Nun aber wird es, bei der deutschen Gründlichkeit, wieder Wochen dauern, bis der Prozeß überhaupt beginnt. Alles geschieht im schleppenden Gang. Gestern erschien im ND ein beeindruckender Artikel von Herrn v. Ardenne. Ich habe ihn mir ausgeschnitten. Da steht ein ganzes Programm. Wer wird es realisieren? Auch von Wogatzki hat gleich auf der Rückseite geschrieben, lesenswert. Die alte Spielart: «Hi Intellektuelle, ho Arbeiter und Bauern, teile und herrsche.» Sollen wir wirklich noch heute darauf reinfallen?

Ahrenshoop, 3. 12. 1989

Nein, gar so lange dauert es nun nicht: Sowohl das Zentralkomitee wie das Präsidium sind zurückgetreten. Mittag, Müller, Fisch, Albrecht sind verhaftet.

Der Genosse Schalck-Golodkowsky ist nicht auffindbar und kann nicht verhaftet werden. Hat aber den Rechtsanwalt Vogel, der des Vertrauens von Honecker gewiß war, gebeten, sein Rechtsbeistand zu sein. Am schlimmsten aber ist wohl die Geschäftemacherei mit Waffen für Süd-Afrika vom Wismarer Hafen aus. Ein Mann namens Schalck-Golodkowsky war der «Handelsmann».

Nun versteht man, ich wenigstens, warum auch in diesem Jahr auf dem Bebelplatz nicht der sechs Millionen gemordeter Juden gedacht wurde, sondern seit Jahren immer nur Widerstandskämpfer genannt wurden. Großer marxistischer Gott, wo sind Deine anständigen Kinder geblieben? Welches «Hemd» man auch hebt, unter allen stinkt es.

Las auch heute in *Sonntag* erst die Entschuldigung von von Kügelken zum Ausschluß von Stefan Heym aus dem Schriftstellerverband. Beschämend, so kleinpiepig wie seine Angst vor den hohen Genossen, so kleinpiepig seine Entschuldigung. Ja, natürlich im Endstadium des 2. Weltkrieges brauchte man in Moskau auch adlige Namen, so ist er zu uns in das Komitee *Freies Deutschland* gekommen. Immer klarer ist mir die zutiefst antisemitische Haltung der Genossen des Politbüros. Alles gehört zusammen.

«Armer Günter, es war ja kein Zufall, auf welche böse Weise du aus deinem Beruf als Chefdramaturg der *Volksbühne* herausgeschmissen wurdest. Du standest unter der Nomenklatur des ZK, wie solltest du dich wehren. Wie richtig war dein Rat, daß ich die *Volksbühne* nicht verlassen sollte.»

Nicht gerächt habe ich dich, aber mir Vertrauen und Freundschaft unter vielen, vielen Menschen verschafft.

Ist es nicht sonderbar, daß ein Mann, der meine Hand mit den vielen, vielen Falten sah, es sind sicher 50 Jahre her, zu mir gesagt hat: «Werden Sie nur sehr alt, Sie werden zu Ruhm kommen, an den Sie nie gedacht haben.»

Ahrenshoop, 6. 12. 1989

Schon zu Günter habe ich gesagt, solange wir den Kirchen und den Kirchenglocken nichts entgegensetzen können, was die Menschen so ergreift wie die Glocken, die über das Land tönen, haben wir nicht gesiegt. Wenn aber nun unser Abgesang, lies SED, so aussieht, so bleiben uns nichts als «unendliche Tränen». Ich konnte in dieses Heft nicht schreiben, weil meine Emotionen stärker waren als mein denkender Kopf. Wie aber hat sich das Christentum in nun bald 2000 Jahren durchgesetzt? Mit Leichenbergen, Krieg und Schwert, Verrat und Ausbeutung. Was sind unsere armseligen 70 Jahre im Vergleich dazu? Muß aber die Menschheit immer wieder durch den Sumpf von Heuchelei und Größenwahn, Bereicherung, Lügen waten? Am Abend wurde verkündet, Egon Krenz sei von allen Funktionen zurückgetreten. Soll ich fragen, ob die Zeit gereicht hat, um allzu kompromittierende Papiere zu verbrennen und das Geld außer Landes zu schicken? Das ZK der SED steht so bedreckt da, daß wirklich keiner mehr die Hand dafür heben will. Man muß fürchten, daß sogar die Genossen in viel kleineren Positionen sich so wie die bereichert haben, von denen sie wußten, daß sie es tun.

All die Genossen der Wach- und Sch(l)ießgesellschaft müßten wenigstens in die Fabriken gehen, damit sie wieder wissen, was ein Arbeiter eigentlich leisten muß.

Ahrenshoop, 8. 12. 1989

Morgen kommt Marletta Schaake aus Rom bis hier herauf nach Ahrenshoop. Hoffentlich tut es ihr später nicht leid, sich solche Mühe gemacht zu haben. Sie ist Journalistin. Hat viel im Kopf und mit Camilla und mir vor. «Vamos a ver», der Westen existiert ja sehr realistisch für mich. Als ich fortfuhr, habe ich vorher, nämlich am 10. 11., im SFB mit Herrn Pleitgen, Herrn Engelbert als Entertainer, dem Pfarrer Herrn Flugbeil, *Neues Forum*, und einem ehemaligen Stoph-Berater, der seit 1986 im Westen lebt, gesprochen.

Habe mich doch recht tapfer gegen diese Männerwelt, keineswegs immer freundlich, behauptet.

Das Hinkommen war, da ich klug war und über die Sonnenallee und die Autostadtbahn fuhr, leicht, aber bis zur Masurenallee eine Reise.

War sehr gerührt, als ich aus dem Aufnahmeraum herausging und eine sehr nette Frau der Grünen, Antje Vollmer, mich umarmte und sagte, zum ersten Mal in diesen Räumen habe ein Mensch gesprochen. Auch Herr Pleitgen meinte, mir könne man stundenlang zuhören. Na bitte!

Am 12. war ich wieder unterwegs. Diesmal nach Tegel, um nach Frankfurt am Main zu fliegen, von dort nach Baden-Baden, um im SWF zu sprechen. Sendung erst am späten Abend um 22.30 Uhr. Fuhr aber diesmal, weil ich neugierig war, über den eben erst eröffneten Weg Leipziger-Potsdamer-Platz. Kam auch sehr gut hinter den laufenden Massen im Schrittempo her. Jemand riß plötzlich meine Wagentür auf, verbeugte sich und schrie: «Da ist sie ja!», fing an zu klatschen, und wie ein Lauffeuer ging es durch die Reihen, wer da im Auto saß. So etwas kann man nur einmal erleben, die Menschen klatschten, bildeten ein Spalier und ließen mich durchfahren. Die Westgrenzer schauten nur überrascht zu mir rein, und ich fuhr langsam, aber gut weiter bis zur Kreuzung, wo ich in die alte Siegesallee einbiegen mußte, um immer geradeaus bis zum Reuterplatz zu kommen. Kurz vor 15.00 Uhr war ich von zu Hause fortgefahren, als ich einbog in die Siegesallee, war es 15.30 Uhr, um 17.20 Uhr sollte mein Flugzeug gehen.

Aber nun stand ich eingekeilt, sah hinter mir das Brandenburger Tor, vor mir die Siegessäule. Alle fünf Minuten fuhr ich zwei Autolängen und stand. Ich machte die Tür auf und schaute raus, kein Durchkommen, Viererreihen, ein Auto hinter dem anderen. Die Fußgänger überholten mich. Ein Mann und eine Frau riefen mir zu, ich solle aus dem Wagen steigen, sie würden mir weiterhelfen. Am Rand konnte man parken.

Ich fuhr hin, schloß den Wagen ab und wurde von den beiden empfangen. Ich hielt sie für ein Ehepaar und erzählte ihnen, daß ich bis spätestens um 17.00 Uhr in Tegel sein müßte, es war bereits nach 16.00 Uhr – also eine Taxe. Bevor ich noch den Mund aufmachen konnte, gab die Frau der Chauffeurin 20 DM und sagte: «Fahren Sie bloß los.» Sie hatte mir unterwegs erzählt, sie sei Gebrauchskünstlerin, mache Keramik und Bilder, Geld sei bei ihr sowieso nie da. An einem solchen Tag, endlich die Mauer gefallen, könne sie gut und gerne 20 DM opfern, auch der Mann wollte die Taxifahrerin bezahlen. «Hauptsache, ich komme nach Tegel», sagte ich, und von da ab ging es fast normal bis zum Flughafen.

Bei *PanAm* sollte ich mich melden, da lag mein Flugticket. 17.00 Uhr. Ich wollte losstürzen. Der Beamte hielt mich zurück: «Nein, Sie müssen vorher noch in Baden-Baden anrufen.» und übergab mir die Nummer zum Telefonieren. Ich wußte nicht, daß man erst 30 Pfennige in den Apparat einwerfen muß, bevor das Telefon überhaupt funktioniert. Bekam also keinen Anschluß, sprach jemanden an, hielt Geld und Nummer in der Hand und bat, mich doch zu verbinden, mit Erfolg, wenn auch mit dem, daß es zu spät sei, man würde sich etwas anderes überlegen. Schon kam jemand von *PanAm*, ich solle auflegen, es gäbe eine neue Nachricht für mich. Hängte auf, hatte mich vorher noch bedankt und erschien wieder am Schalter des *PanAm*-Mannes. «Sie müssen ja jemand ganz Besonderes sein. So etwas hat es noch nie bei uns gegeben. Also, nichts ist mit Frankfurt, aber diese Nummer des SWF sollen Sie anrufen. Sie haben aber Zeit, denn die Sendung beginnt erst um 23.00 Uhr.»

Ahrenshoop, 9. 12. 1989

Ich habe dann gleich den SFB angerufen und wurde gebeten, um 22.00 Uhr dort zu sein. Man würde mich von Berlin aus der Sendung des SWF in Baden-Baden zuschalten.

Ich kam um 22.00 Uhr dort an, und man führte mich in einen Kellerraum. Darin standen ein Tisch, ein bequemer Sessel, zwei große Monitore und ein noch größerer Lautsprecher. Der Ton-Bild-Meister sagte mir, das Bild aus Baden-Baden könne er mir nicht überspielen, aber die Stimmen. Auf dem Monitor erscheine während der Sendung nur mein eigenes Bild. So war es dann auch.

Meine Arbeit bestand lediglich darin, auf eine Frage des Entertainers zu antworten, und die war kurz. Die Arbeit bestand also in der vollständigen Konzentration auf das Gehörte. Danach die Antwort. Völlig unvorbereitet. Immerhin habe ich es durchgehalten, und das mit 81 Jahren.

Berlin, 3. 1. 1990

Die Zeit hat es an sich, daß sie vergeht. Und wie! und wie?

Mit Auf und Ab, mit so viel Freude und so viel Kummer habe ich noch nie das Ende eines Jahres begangen.

Eine ganz ungetrübte und echte Freude war der zweite Feiertag. Da saß nun nach Jahren wieder die ganze Familie am ausgezogenen Tisch, Camilla, Thomas, Gaby, Anja, Daniel. Tonio und Vivian waren auf ihrer Insel Rügen, Matze diskret bei ihrer Mutter. Es gab – zum Glück – nicht so eine Riesen-Beschenke-Arie, und alles ging gut bis zur Abfahrt. Sicherlich waren an diesem Feiertag tausende von Familien beisammen und freuten sich. Daran habe ich nun auch einen winzig kleinen Anteil. Wie schön!

Am 30. wie immer bei Irene Gysi. Fast die gleichen Gäste wie im vorigen Jahr, nur eben ein Jahr älter. Wie immer, zu spät, Gregor Gysi mit seiner hübschen Frau. Er war nun natürlich der Mittelpunkt, erzählte auch viel, gut.

Nach den paar Zeilen bin ich glatt eingeschlafen, 17.30 Uhr.

Und das hat mit ihrem außergewöhnlichen Gepränge, Gekrache, Getöse die Silvesternacht getan. Dazu mußte ich um 24.00 Uhr, lies 23.45 Uhr, zum Brandenburger Tor gehen. Nein, wie die Prinzessin im Märchen im gläsernen Kutschkasten durch eine Menge, eine Masse Menschen fahren und stehen, immer wieder stehen bleiben und ihnen zugucken. Noch anstrengender war das Hören: Jeder, der etwas auf sich hielt, trug eine Sektflasche bei sich und ließ die Korken knallen. Das Feuerwerk war bereits in vollem Gange. Aber gegen das, was sich nach 24.00 Uhr tat, ein harmloser Lärm. Wir kamen zum Wagen des Fernsehens, wo man geschminkt wurde, sich ausruhen konnte. An den Innenwänden des Wagens standen gepolsterte Bänke, zwei harte Balkonstühle auf der Bodenfläche des Wagens. Als ich die wenigen Treppen zur Tür hinaufgegangen war, diese aufging, erschien vor mir eine Gruppe Schornsteinfeger, die geschminkt wurden. Weil ich warten mußte, wollte ich mich auf eine der Seitenbänke setzen. Der Aufnahmeleiter aber riet mir dringend davon ab und bot mir stattdessen einen der Balkonstühle an. Zwei Minuten später wußte ich, warum er das getan hatte.

Die Zuschauer, die draußen vorbeigingen, fanden es wohl sehr attraktiv, gegen die Blechwände des Wagens, auf dem mit großen Lettern «Fernsehen der DDR» stand, zu trommeln und ihnen kräftige Stöße zu verabreichen. So saß ich wirklich als Schwergewicht nicht nur sicherer in der Mitte, sondern verbreitete auch so etwas wie Sicherheit unter den Kollegen.

Zum Schminken gab es weder einen Spiegel noch Ruhe. Da ließen wir es. Zu Hause hatte ich mir schon ein wenig Teint auf das Gesicht geschmiert. Ahnend, was kommen würde. Aber so etwas? Zehn Minuten vor 12 wurde ich aus dem Wagen die wenigen Treppen hinuntergeführt. Und da stand wirklich ein Mann, den man als solchen ernst nehmen mußte. Fast zwei Zentner Lebendgewicht, breit in den Schultern und mit Armen, denen man ansah, daß sie zupacken konnten. Er machte mir Platz, und hinter mir ging der Chauffeur, ein noch junger Mann von eher zarter Statur. Dank unseres Anführers wichen die vielen Menschen, die uns eng umgaben, etwas zurück, so daß wir uns durchquetschen konnten bis zur Tribüne.

Ja, die Tribüne hatte eher die Ausmaße eines großen Tisches, auf dem der Kameramann mit seiner Kamera und dem Assistenten standen. Um den Tisch eine Art von Holzbarriere, die uns von dem Publikum, das etwas tiefer stand, abschirmen sollte. Publikum ist nicht das richtige Wort, Reihen von Menschen, dicht gedrängt, wogten bald in Richtung Brandenburger Tor, das nur noch 200 m von uns entfernt war, die andere Masse Menschen wogte vom Tor zurück, weil kein Durchkommen war. Bewegung – Gegenbewegung. So etwas habe ich noch nie in meinem Leben gesehen. Da der Blick etwas von oben kam, sah es wie ein bewegtes Meer aus.

Natürlich war es nicht ruhig. Der Leiter des Fernsehunternehmens stand am anderen Ende des Tisches. Ich versuchte ihm klarzumachen, es sei zwecklos, hier auch nur den Mund aufzutun. Er aber drehte meinen Körper in Richtung Kamera und sagte nur: «Los!»

Natürlich hatte ich mir ein paar Sätze zu Hause aufgeschrieben, sie auch auswendig gesprochen, aber hier! Ich sah die Menschen auf dem Brandenburger Tor stehen, schaute runter und sah mich auf dem Monitor. Und ich fing wie ein braves Zirkuspferd an zu sprechen. Natürlich nicht mehr das, was ich mir vorgenommen hatte, sondern nur einen etwas verlängerten Toast auf das Neue Jahr und – Schluß.

Abgesang

Ich spreche jetzt von dem Ende zum Anfang.

Freiburg, 24. Juni, um 10.00 Uhr

Sonntag, ich habe die Zeitung *Die Welt* gelesen, die «*geistige Welt*», ein großer Artikel von einem Jürgen Serke über Christa Wolf und die anderen sogenannten intellektuellen Künstler, Schriftsteller der DDR, ein Pamphlet, wie es sich gehört, wenn man sich von dem trennen will, was viele Menschen doch eine lange Zeit anerkannt haben, die nun vor einem Scherbengericht stehen, ich akzeptiere das in keiner Weise, wenn man plötzlich versucht, sich reinzuwaschen, und trotzdem: Diese Menschen, die immerhin auch etwas getan haben, auch für die Einheit Deutschlands, die werden jetzt mächtig herangenommen und es muß ihnen nachgewiesen werden, daß sie im Grunde genommen nichts anderes als die «Privilegierten» und «Handlanger» des Honecker-Regimes waren.

Ich kenne Christa, ich kenne sie nicht ausgesprochen gut. Ich würde nie sagen, daß ich zu ihrem engeren Freundeskreis gehöre. Keineswegs. Seit Anna tot ist, bin ich Christa vielleicht drei- bis viermal begegnet, meistens außerhalb unserer Wohnungen, und wir haben miteinander gesprochen. Höchstens. Trotzdem: Wir, die Menschen um sie und um mich herum – wir kannten uns alle, und ich mag sie, Christa Wolf.

Entsetzlich, diese Sirenen. Auch hier in Freiburg fehlt diese Polizeihuperei nicht. Aber es ist für die Menschen gut, es soll den Menschen helfen, das wünsche ich ihnen. – Schlimm.

Heute abend werde ich hier in Freiburg einigen Frauen helfen, daß eine Frau Oberbürgermeisterin von Freiburg wird. Wenn ich mir auch nicht unbedingt vorgenommen hatte, dabei über Christa Wolf zu sprechen, so wollte ich doch etwas über den *Geteilten Himmel* sagen. Nun, ich muß mir das noch einmal überlegen. Trotzdem bleibt für mich der *Geteilte Himmel* das erste Buch, in dem ich wirklich erkannt gefunden habe, daß die Menschen miteinander, untereinander, füreinander, gegeneinander leben mußten und gelebt haben und – leben.

Ich selber habe dieses Wort für die Deutschen erfunden: Habe ich keinen Feind, borge ich mir einen. Diese Feinde, die ich jetzt meine, sind die, die auf der ideologischen Seite stehen. Es ist schrecklich – entweder-oder – das ist immer die Stellung der Deutschen. Niemals tolerieren sie etwas, niemals sehen sie ein, daß sich etwas verändern kann, immer unterstellen sie das Schlimmste.

Ich gebe selber zu, daß ich von dem Ausmaß, mit dem in der DDR die Menschen wirklich in einer gräßlichen Weise an ihrem eigenen Sein gehindert wurden, nicht nur geistig, sondern auch körperlich, ganz real, daß ich davon wenig gewußt habe. Mir ist kein einziger Fall bekannt geworden, außer dem von Walter Janka – später oder noch während –, aber ich habe nicht gewußt, was und wieviel ihm alles angetan wurde, in und mit seinem Prozeß, während er gefangen war, davon wußte ich nichts, aber daß es schrecklich sein sollte und mußte, das glaube ich. Ich bin mit Lotte Janka genügend befreundet gewesen, wir waren zusammen im Lager. Ich bin genügend befreundet gewesen, als wir nach Berlin zurückkehrten. Als Walter verhaftet war, habe ich Lotte auf unserer großen Straße, der Stalinallee, getroffen, mit ihren beiden Kindern. Und ich sagte ihr: «Komm doch zu uns rauf, Lotte, wir können doch miteinander sprechen, ich bitte dich, ruf uns an! Ich helfe dir doch gern mit deinen Kindern, ganz gewiß.» Aber sie hat sich nie gemeldet. Ob aus dem Gefühl heraus, ich könne ihr nicht helfen, oder aber aus dem Gefühl heraus, daß ich doch zu nahe mit der Anna Seghers verknüpft bin, und sie meiner Bitte nicht nachkommen wollte, wegen dieser Verknüpfung, und daß sie deshalb geschwiegen hat. – Ich habe es nie erfahren.

Ich habe Anna gefragt, warum sie dem Walter nicht hilft oder warum sie nichts sagt. Und damals hat sie, ohne sich zu genieren, geantwortet: «Nein, ich will nicht, ich mag nicht.»

Ich weiß, Anna ist eine sehr besondere Frau gewesen, und vielleicht wäre sie auch gar nicht zurückgegangen nach Deutschland. Sie ist immerhin, bevor sie zurückkehrte, eine Weile in Schweden gewesen bei meiner Cousine. Sie wollte eigentlich nicht zurückkommen. Ihre Kinder waren in Frankreich, ihr Mann blieb zuerst in Mexiko; die Verhältnisse zwischen Roddy und Anna waren keineswegs die besten. Sie ist von ihrem Freund Herbert Ihering eingeladen worden, nach Zehlendorf zu kommen. Ich erzähle das so ausführlich, weil ich begreiflich machen will, wie schwer es war, in dieses Nazideutschland, das wir doch wirklich schon seit 14 Jahren nicht mehr kannten, zurückzukommen. Wir haben alle Hemmungen gehabt, und jeder hat sie auf seine Weise überwunden.

In dem Artikel von dem Herrn Serke kommt Anna fast noch gut weg. Er behauptet, sie sei schon als kranke Person aus der Emigration zurückgekommen, als Trinkerin, als Alkoholikerin.

In meinem ganzen Leben habe ich Anna nie so betrunken gesehen, nie. Weder in Mexiko noch in Deutschland. Niemals. Wir haben gern zusammen etwas getrunken, selbstverständlich, aber ich würde nie sagen, daß das das Trinken einer Alkoholikerin war, das war Trinken mit Vergnügen. Ganz gewiß hat sie zuviel geraucht. Das beinhaltet aber noch nicht, eine Schwerkranke zu sein.

Ich spreche so lange von Anna, weil ich mir selber Rechenschaft geben will über meine Freundschaft zu ihr. Ich habe selber geschrieben, daß wir keineswegs immer derselben Meinung waren. Wahrscheinlich habe ich ihr viel mehr Mut gemacht als ich in der Zeit, als ich zu ihr sprach, wissen konnte; ich ahnte nicht, daß ich auf sie einen Einfluß haben würde.

Ich habe zu ihr gesagt: «Anna, wir sind so alt geworden, und du bist doch ein großes Stück älter als ich. Was soll uns denn passieren um Gottes willen? Du mußt doch bestimmte Dinge, die du einsiehst und die du weißt, sagen. Mache es, ich bitte dich!»

Es handelte sich meistens um solche Fälle, bei denen ich das Gefühl hatte, daß es sich lohnen würde, wenn sie mit den Menschen spräche, z. B. mit Sarah Kirsch, z. B. mit dem Autor von *Jakob der Lügner*, mit Juri Becker. Ich war wirklich keineswegs derselben Meinung wie sie, daß man mit diesen Menschen eben doch nicht mehr reden konnte.

Ich weiß, daß sie sich bis zu ihrem Tod hin darüber gekränkt hat, daß man sie nicht informiert hatte, als die Schriftsteller und Schriftstellerinnen eine Unterschriftensammlung machen wollten, um Biermann zu retten. Sie hat sich entsetzlich darüber aufgeregt, weil es für sie die erste offene Konfrontation mit einer Reihe von Autoren und Autorinnen war, an denen ihr lag, mit denen sie befreundet war. Das betraf auch Christa Wolf. Und sie sagte mir: «Nein, nein, also die Freundschaft zur Christa wäre vorbei. Und ebenso zu Stefan Hermlin.» Denn sie empfand es als schrecklich, daß ihre eigenen Kollegen dachten, sie sei ein derart gebundenes Wesen, gebunden an Walter Ulbricht, daß sie unabhängig nichts mehr ausrichten könne und daß sie für ihre eigenen Kollegen nichts mehr tun könne.

Es hat sie tief, tief gekränkt. Und vielleicht hat sie sich auch gesagt, was suche ich denn hier, wenn das Vertrauen selbst der Menschen, mit denen ich doch schon seit Jahren Umgang habe, nicht einmal mehr reicht, daß ich da, wo Unrecht geschieht, auch wirklich helfen kann.

Das war im Jahr 1976. Ich selber habe damals durch die Biermann-Geschichte gelitten, wegen Anja, meiner Enkeltochter. Gut, das ist meine Geschichte, davon will ich hier jetzt nicht reden.

Ich will heute davon reden, wie schwer es ist, über Haltungen von Menschen in den verschiedensten Situationen zu urteilen.

So, wie hier jeden Moment ein Wagen vorbei stürmt, so stürmt die Zeit davon.

Wer hätte in der Zeit vom 4. November 1989 bis zum 24. Juni 1990 gedacht – das ist nicht einmal ein halbes Jahr –, daß alles, was ich geliebt, alles, was ich gehofft habe, daß es endlich auch Wirklichkeit würde, ein besseres Zuhause zu haben und wegzukommen von den diktatorischen Gelüsten meiner eigenen Partei.

Und nun ist das alles nichts – wie wir, wirklich wir, also auch die Partei, die sich heute PDS nennt, wie wir angegriffen werden, und zwar auf eine Weise, als hätte der Marxismus und all das, was er an Gedankengut mitgebracht hätte, völlig verloren: verlogen, unausführbar, unmöglich, die Menschen nur knebelnd.

Ich glaube selbstverständlich, Macht und

die Macht erhalten zu wollen, das sind zwei ganz verschiedene Dinge.

Berlin, 2. August 1990

Immer habe ich das Bedürfnis, mich selbst in dem widerzuspiegeln, was ich sage. Trotzdem, so vieles, was mir durch den Kopf geht, so vieles, was mir heute wenig intakt erscheint, nämlich die Welt, in der ich lebe oder – besser gesagt – es ist nicht die Welt, es ist nur ein kleines Stück dieser Welt, in der ich mich so schlecht fühle – es ist das, was einmal die DDR war.

Heute, im Jahre 1990, am Ende des Juli, fühle ich, daß wir alle, die wir uns wirklich bemüht haben, etwas zu schaffen, nicht uns selbst betrogen haben. Nein, nein, das haben wir gar nicht.

Wir waren viel zu beglückt, etwas tun zu können, von dem wir annehmen durften und hofften, daß es für die Menschen nach langer Zeit doch zum Wohlsein führen sollte.

Das Wohlsein hat sich so entsetzlich verändert, und nur wenige konnten vielleicht sagen, das haben sie wirklich getan; nach allem, was jetzt zutage tritt, und die ganze Kleinheit dieser kleinen Nation nun zutage tritt, mehr als je vorher, das bringt mich doch in den Stand, unglücklich zu sein.

Ich habe das nicht gern, ich bin nicht gern unglücklich, ich halte es auch für nutzlos – was hilft denn das, unglücklich zu sein? Wer kann sagen, daß das zu etwas führt? Das führt zu gar nichts, nur dazu, die Hände in den Schoß zu legen, in die Luft zu gucken und zu sagen: «Ja, der Himmel ist auch sehr schön.» Heute abend besonders, und morgen wird er vielleicht auch wieder so schön sein, man weiß es nicht, man wünscht es sich, und das genügt doch schon.

Nur so ungeduldige Menschen wie ich verstehen nicht, wie man auf so brutale Weise die Welt zurückdrehen kann, unsere Welt, unsere kleine Welt zurückdrehen auf die armselige Welt des kapitalistischen Lebens, auf die Seite des Habens.

Natürlich, die Leute sind nicht unbescheiden, und sie sind auch nicht nur bescheiden. Heute wollen alle schnell, schnell, schnell doch ein wenig von dem retten, was ihnen übrig geblieben ist. Vielleicht müssen sie wieder anfangen und ihr Geld noch einmal teilen. So geben sie es lieber aus. Und das Schlimme ist, den Hauptanteil, wenn es sich überhaupt wirklich um das Geldausgeben handelt, den nimmt das Auto. Fahren, wegfahren. Denn das Weg hat einen großen Sinn bekommen.

Viele Menschen glauben, was sie nicht erlaufen können und was sie nicht versaufen können, das erledigen vielleicht diese Autos, in die sie sich setzen, die sowohl ihrem Willen wie ihrer eigenen Natur unterstellt sind, im wahrsten Sinne des Wortes. Sie stellen die Füße auf das Pedal und – schwupp – geht es los.

Das ist das heutige Lebensgefühl. Und da ist es Wurst, ob das Kapitalismus oder Sozialismus ist: Hauptsache, man kann wegfahren.

Befriedigt sind sie nur vom Tempo, das Ankommen interessiert sie kaum. Vielleicht interessiert sie die Zeit, die sie gebraucht haben, um von X nach Y zu fahren, das ist möglich. Aber die Bewegung, in Bewegung sein, sich in Bewegung setzen – das will der Mensch heute als Traum verwirklichen.

Und sie brauchen sich nicht in Bewegung setzen hin zu einer Sache, hin zu einer Idee, nein gar nicht, sie brauchen nur einen verhältnismäßig guten, wie sagt man doch so schön, Unterbau, einen guten Unterbau, auf dem sie fahren können. Und das betrifft hauptsächlich Europa.

Ich weiß nicht, hier in meinem Zimmer stehen so viele Bücher.

Ich habe sie wirklich auch fast alle gelesen, sie waren mir treue Wegbegleiter. Und trotzdem: angekommen am Schluß, wirklich, das wird der Schluß wohl sein, fällt mir nur der schöne Vers von Kurt Tucholsky ein:

«denn leechste die Weisen
beit alte Eisen
und sachst dir wie Kuhle, innalich:
– sie wissen et nich, sie wissen et nich.»
Also, wat nu – Ja oder Ja?

ANHANG

Biographischer Abriß

Steffie Spira-Ruschin

1908 * in Wien
jüngste Tochter der Schauspielerin Lotte Spira-Andresen und des jüdischen Schauspielers Fritz Jacob Spira

1925 Auszug aus dem Elternhaus
Erste große Liebe: Günter Ruschin, Schauspieler und Dramaturg
1. Engagement in Berlin am *Theater an der Stresemannstr.* (heutiges *Hebbeltheater*)
Mitglied der Bühnengewerkschaft

1928 Engagement an der *Volksbühne*
Mitgründerin der *Truppe 31*, politisches Theater und Kabarett

1929 Beginn der lebenslangen Freundschaft mit Anna Seghers

1931 Eheschließung mit Günter Ruschin Eintritt in die KPD

1933 Günter Ruschin und Steffie Spira-Ruschin werden von der SA verhaftet, sie entkommt, er wird aufgrund eines Irrtums entlassen. Flucht in die Schweiz, kurz danach zu Fuß über die französische Grenze.
Geburt ihres Sohnes Thomas in Paris

1934 Gründung des Exil-Kabaretts *Die Laterne* im Saal des Monsieur Duncan, Bruder von Isadora
Sie geht putzen, er verkauft Stoffe

1937 *Die Gewehre der Frau Carrar* von Bertolt Brecht mit Heli Weigel, Bühnenbild: Heinz Lohmar

1938 *99 %, Bilder aus dem Dritten Reich* von B. Brecht
Freundschaft mit Egon Erwin Kisch

1939 Verhaftung und Internierung im Frauenlager Rieucros bei Mende, Departement Lozère, Günter Ruschin wird überführt ins Lager Le Vernet

1941 Emigration mit Günter und Thomas nach Mexiko, dort mit Anna Seghers, Egon Erwin Kisch und anderen

1943 Tod des Vaters in einem jugoslawischen KZ,
danach Tod der Mutter
Emigrantentheater im *Heinrich-Heine-Club* von Mexiko-City;

1943, 1944, 1945 im *Teatro de los Electrocistas: Dreigroschenoper* von Brecht, *Woyzeck* von Büchner; 1946: *Ein Sommernachtstraum* und Ipsens *Gespenster* (mit Ernst Deutsch als Gast)

1947 Beendigung des vierzehn Jahre dauernden Exils
Rückkehr nach Berlin-Ost
Günter Ruschin lehnt das Angebot, die Intendanz eines Theaters zu übernehmen, ab und wird Leiter des Kabaretts *Frischer Wind*

1948 Rückkehr in die *Volksbühne*
Steffie Spira als Schauspielerin, Günter Ruschin als Chefdramaturg

1958 Günter Ruschin demaskiert Stalin in *Schwitzbad* von Majakowski.

Das Stück wird verboten, Günter Ruschin abberufen. Er durfte das Theater nie mehr betreten
Herzinfarkt

1963 Günter Ruschin stirbt, 59 Jahre alt
Steffie Spira hört auf, in ihr Tagebuch zu schreiben, bis 1970

1984 *Der Krieg hat kein weibliches Gesicht* in TiP (Theater im Palast) bis 1987

1989 Oktober:
Steffie Spira hängt eine rote Fahne mit Trauerflor zu ihrem Fenster heraus
November:
Steffie Spira hält eine kurze, aber deutliche Rede auf dem Alexanderplatz

1990 Steffie Spira spielt weiter Theater an der Volksbühne: *Gilgamesch,* in der Inszenierung von Havemann

Personen- und Sachregister

Anmerkungen der Autorin zu den Personen, wie sie in den *Tagebuchfragmenten* und in *Rote Fahne mit Trauerflor* Erwähnung finden. Entsprechend der Verwendung in den Texten sind die Namen alphabetisch nach den Vornamen geordnet.

Personenregister

Anja Ruschin, meine Enkelin, Tonio und Daniel, meine Enkel,

Anton Ackermann, Politiker

Arthur Wiesner, Schauspielerkollege aus Berlin-West

Berta Waterstradt, bemerkenswerterweise einmal eine humorvolle Autorin

Bodo Uhse, Schriftsteller

Camilla Spira, meine große Schwester, Schauspielerin

Christa Wolf, Schriftstellerin

Curt Trepte, Schauspieler, Freund aus der *Truppe 31*

Curt Veth, Schauspieler, später Rektor der Hochschule für Schauspielkunst

Dorchen Schaul, Journalistin

Ernst Legal, Intendant der *Deutschen Staatsoper*, Präsident der Genossenschaft deutscher Bühnenangehöriger

Franz Kutschera, Schauspieler

Friedrich Gnaß, Kollege aus dem *Berliner Ensemble*, Freund

Fritz Erpenbeck, Kritiker

Fritz Marquardt, Schauspieler und Regisseur an der *Volksbühne*, wurde aus der Partei ausgeschlossen, rehabilitiert, ging zum *Berliner Ensemble*

Fritz Wisten, Schauspieler und Regisseur

Gertrud Wollenberger, Frau des Kardiologen Albrecht, sieben Kinder: sechs Töchter und ein Sohn, Freundin

Günter Ruschin, mein Mann, Schauspieler und Dramaturg

Günther Caspar, langjähriger Cheflektor des Aufbau-Verlages, Berlin

Gustav von Wangenheim, Theaterschriftsteller, Schauspieler

Hans Jung-Alsen, Regisseur an der *Volksbühne*

Hans Klering, Schauspieler
Heiner Müller, Dramatiker, derzeitiger Präsident der *Akademie der Künste*, Ostberlin
Heiner Carow, Filmregisseur
Heinz Lohmar, surrealistischer Maler-Freund von Max Ernst, der Lehrer an der Kunsthochschule Dresden wurde und sich mit dem sozialistischen Realismus in seiner Malerei schwer getan hat.
Herbert Ihering, Publizist und maßgeblicher Theaterkritiker
Hermann Matern, Mitglied des ZK
Hilde Abusch, Frau von Alexander Abusch, Hg. *Rote Fahne,* 1936, *Sinn und Form*
Hilde Lohmar, Frau des Malers
Inge von Wangenheim, Schauspielerin und Schriftstellerin: *Einer Mutter Sohn*
Ingeborg Hunzinger, Bildhauerin, Freundin
Irene Gysi, geschiedene Frau von Klaus Gysi, Freundin
Irene Pollack, Frau eines Staatsanwalts
Jeanne Stern, Autorin und Filmemacherin, Freundin von Anna Seghers und mir
Johannes R. Becher, Dichter, Minister für Kultur

Klaus Gysi, Staatssekretär für Kirchenfragen, Vater von Gregor, Freund
Kurt Maetzig, Regisseur
Kurt Stern, Autor und Filmemacher, Freund
Lola Zahn, Prof. Dr., Historikerin, Freundin aus dem französischen Exil, Frau von Ralph Zahn, Photograph
Manfred von Ardenne, Physiker, Enkel der historischen Vorlage für *Effi Briest*
Marga Legal, Schauspielerin, Freundin
Marga und Karl Burkhardt, Emigrantenfreunde seit 1935
Maria Schanda, Schauspielerkollegin aus Berlin-West
Margit Bendokat, Schauspielerin
Matthias Langhoff, Theaterregisseur, Sohn von Wolfgang Langhoff, Schauspieler und Regisseur, Intendant des *Deutschen Theaters*
Paul Gratzik, Schriftsteller, auch für das Theater
Peter Schorn, Kollege
Reiner Kerndl, Jounalist
Roddy, László Radványi (Johannes Schmidt), Anna Seghers Mann, Mitbegründer der *Marxistischen Arbeiterschule*, (MASCH)

Rolf Ludwig, spielte in *Der tolle Tag* von Beaumarchais die Rolle des Figaro, Franz Kutschera die des Almaviva unter der Regie von Jung-Alsen, 1957

Rochus Gliese, Bühnenmaler, Regisseur an der *Volksbühne*

Rudolf Neumann, Kinderarzt, Freund aus dem französischen Exil

Ruth Berghaus, Opernregisseurin, Witwe von Paul Dessau, dem Komponisten

Ruth, Tochter von Anna Seghers

Siegfried Matthus, Komponist

Sigurd Schulze, Ökonom, Hochschule für Ökonomie und Planung

Thomas, mein Sohn, Matze, seine erste, Gaby, seine zweite Frau; Vivian ist die Frau von Tonio

Tschibi, ungarisch, Eule; Spitzname für Anna Seghers; so hat sie nur ihre Familie genannt.

Walter Janka, ehemaliger Cheflektor des Aufbau-Verlages, s. *Schwierigkeiten mit der Wahrheit*, Lotte Janka, seine Frau

Walter Suessenguth, Schauspieler

Walter Garbe, Schauspieler

Wolf von Wogatzki, Filmemacher

Wolfgang Neuß, Schauspieler, Kabarettist und Kolumnenschreiber, wie ich höre; ihn habe ich leider nicht persönlich kennengelernt

Sachregister

Bad Ahrenshoop, Ostseebad mit langer Künstlertradition

BGL, Betriebsgewerkschaftsleitung

Dokfilmstudio, Dokumentarfilmstudio

DSF, Deutsch-Sowjetische Freundschaft

GDBA, Genossenschaft deutscher Bühnenangehöriger

HO, Handelsorganisation

Hoppla, Hochschule für Ökonomie und Planung, dort leitete ich die Laienspielgruppe

Liebenstein, liegt in Thüringen

MASCH, *Marxistische Arbeiterschule*

NDPD, *National Demokratische Partei Deutschlands*

PGH, Produktionsgenossenschaft Handwerk

VdN, Verfolgte des Naziregimes
Wach- und Schließgesellschaft, MDI, Mitglieder des Inneren
ZK, Zentralkomitee der *Sozialistischen Einheitspartei Deutschlands*